RECEITA LITERÁRIA PARA UMA DELÍCIA DE VIDA

Claudia Ribeiro do Valle

RECEITA LITERÁRIA PARA UMA DELÍCIA DE VIDA

1ª Edição
POD

KBR
Petrópolis
2015

Coordenação editorial **Noga Sklar**
Editoração **KBR**
Capa **KBR**
Ilustração da capa **baseada em "Mulher lendo",
escultura de Pablo Picasso, 1953.**

ISBN: 978-85-8180-432-3

KBR Editora Digital Ltda.
www.kbrdigital.com.br
www.facebook.com/kbrdigital
atendimento@kbrdigital.com.br
55|21|3942.4440

FIC029000 - Contos e crônicas

Claudia Ribeiro do Valle nasceu no Algarve, mas mora desde criança no Rio de Janeiro. Já foi professora e matemática, agora é escritora. Em crônicas leves, despretensiosas e bem-humoradas, aborda temas do cotidiano moderno. Acredita que rir ainda é o melhor remédio e que o riso também é capaz de provocar reflexões profundas.

E-mail: cgrv@terra.com.br

Sumário

Preâmbulo • 9

O fim da vida • 11

Nossas boas qualidades • 13

Sex Shop • 15

Fidelidade • 19

Philosophando • 23

Memorabilia • 25

Sérgio • 27

Quem? • 31

Ai de mim • 35

Meus heróis • 39

Assombrações • 45

As trutas do japonês • 49

Alunos • 51

Nomes, nominhos • 55

O prodigioso Evaristo • 59

Facebook • 61

Morte e vida • 63

Dilema • 65

Palavras • 69

Como vai seu casamento? • 73

Estresse • 75

Suruba • 79
Em defesa do português • 81
Medicina à brasileira • 85
Minhas queridas eleitoras, meus prezados
    eleitores • 87
Mããããe • 89
Venham a mim as filipetas • 95
Eu por mim mesma • 97
Helmut • 99
Simples • 103
Para bom entendedor, meia palavra não
    basta • 107
Presente ou mico? • 109
Seja o que Deus quiser! • 113
Estatísticas capilares • 117
Sapatos de *perlet* • **119**
O celular da Margarete • 123
Uma tarde • 127
Gafes • 131
Dia de desagravo • 135
Enologia • 139
Senso de humor • 143
Querido leitor, • 145

Preâmbulo

Esse negócio de literatura está me levando à falência. Se eu tivesse nascido pintora ainda haveria esperança para os meus herdeiros: poderiam vender, daqui a uns cem anos, um quadro por milhares, quem sabe até por milhões de dólares. Mas, livros?! Esquece. Em um século serão de domínio público e estarão disponíveis nas mais diversas mídias. Edições originais e manuscritos já são peças de museu, equivalentes à Bíblia de Gutenberg.

Meu problema é imediato: sou escritora e preciso sobreviver. Portanto, antes de pedir esmola ou abrigo na casa de algum parente, devo ao menos me esforçar para ganhar algum.

Tentei escrever sobre sexo. Desisti. Comparadas com as coisas que andam por aí minhas histórias lembravam a Branca de Neve. Se bem que a Branca de Neve, com todos aqueles anões, sei não...

Política é para jornalistas ou historiadores, mas eu talvez pudesse ser *ghost writer* do Tiririca. Argh! Que ideia!

Futebol! A dificuldade é que sou quase como a grã-fina do Nelson Rodrigues, que ia ao Maracanã e perguntava, na maior excitação: "Quem é a bola, quem é a bola?"

Religião? Não vou mexer em vespeiro. Fora o perigo de ofender algum desses muçulmanos que explodem.

Fazer graça com os nanicos? Tá maluco? Vai longe o tempo em que alguém dizia que a profissão ideal para eles era a de pintor de rodapés. Devemos nos referir a esses seres humanos, respeitosamente, como "pessoas de baixa estatura". Ofender as minorias agora dá processo.

Talvez o maior obstáculo aos meus textos seja o fato de que não se destinam ao grande público. Não sei bem explicar o que vem a ser o grande público, mas desconfio que agradar a muita gente está além das minhas habilidades. Se até um casal (de qualquer tipo, como manda o politicamente correto) tem suas rusgas, me expliquem como eu, que não sou exatamente um gênio em relações humanas, posso pretender deleitar uma multidão? Eu me contentaria com um pequeno público mesmo. Pagante, é claro.

Se nada der certo, posso vender Avon. Drummond não foi funcionário público a vida toda? Machado de Assis idem. Sem falar em Fernando Pessoa, que, entre outras coisas, era também crítico literário, jornalista, comentador político, tradutor, inventor, astrólogo e publicitário. Boa companhia não me falta!

O FIM DA VIDA

Conheci uma pessoa que estava no fim da vida, e vivendo o fim da vida viveu por mais quarenta anos. Assim que percebi do que se tratava, inaugurei imediatamente o fim da vida na minha vida, que espero seja ainda muito longa e saudável.

Explico. Tudo começou com uma reserva de hotel malfeita. Em lugar do Plaza Athénée, descartado de cara por motivos financeiros pelos companheiros de viagem da protagonista, os turistas foram parar em um hotel com algumas estrelas, mas não em número suficiente.

Vocês sabem que em Paris, com a arquitetura linda por fora e muitas vezes decadente por dentro, prédios cheios de anexos ligados por escadas insuspeitas e servidos por elevadores do tempo de Luís XV, no mínimo, menos de cinco estrelas pode ser enganoso, para o bem ou para o mal. Neste caso foi para o mal. Imaginem a decepção de, no fim da vida, ter que suportar duas ou três noites sem direito a travesseiro de plumas e ainda precisar se arrastar cotidianamente por meia dúzia de degraus. É mesmo cruel.

O responsável pela reserva, culpadíssimo, se esforçou o quanto pôde para mimar a criatura, que logo abocanhou o melhor quarto disponível e teve direito a tratamento VIP por todo o grupo, compadecido com o sacrifício imposto a uma pessoa que lhes era querida e, muito convenientemente, a mais idosa entre eles. As benesses tornaram a estadia tão agradável — porque calor humano é tudo —, que bastante tempo depois do episódio a heroína confessou ter curtido cada momento. Pudera.

É isso aí. No fim da vida, nada de ficar em hotel ruim, aturar gente enrolada, comida sem gosto ou programa furado. Não dá mais para perder tempo com isso, na verdade nunca deu, mas é bom ter uma desculpa formal.

Minha qualidade de vida teve uma melhora considerável depois que adotei a teoria do fim da vida. Servir de babá em crise existencial, ler por obrigação, assistir filme chato, nada disso a gente topa quando se declara no fim da vida. Se eu soubesse das vantagens teria inaugurado o fim da vida muito antes, afinal a vida começa a acabar no dia em que nascemos.

Não aconselho invocar indistintamente o fim da vida. É melhor poupar esse argumento para as situações, digamos, mais graves. O abuso pode levar as pessoas em volta a perceber que também podem usar o recurso. Se todos os seus conhecidos, ou pelo menos os mais velhos que você, resolverem implantar o fim da vida, é certo que a sua vida vai ser o fim. A discrição neste caso é a alma do negócio.

A exclusividade seria ainda melhor. Será que dá para patentear a teoria do fim da vida?

Nossas boas qualidades

Eram dois casais reunidos em volta da mesa. A conversa, não se sabe bem por que, acabou recaindo em algum tipo de reclamação entre um dos maridos e sua mulher. Alguém observou, talvez para descontrair o ambiente, que a tendência das pessoas é apontar falhas, e quão raramente reconhecemos as qualidades alheias. Alguém observou que elogiar, depois de vários anos de convivência, torna-se cada vez mais fora do comum. Alguém destacou a facilidade com que reclamamos dos defeitos de uma pessoa e com que dificuldade louvamos suas qualidades. Alguém propôs que, numa tentativa de corrigir isso, cada um deles enumerasse alguns dos bons predicados que acreditava possuir para que assim dessem mais valor uns aos outros. A ideia foi considerada excelente, e coube a uma das esposas começar.

Ninguém estava preparado para o que se seguiu. Ela desfiou uma longa lista de maravilhas autoatribuídas, não houve qualidade que ficasse de fora. Esgotou o dicionário, o rol de qualidades era um assombro. Algumas eram verdadeiras, mas todas?! Falou por meia hora seguida. Quando fez uma pausa, alguém arriscou a pergunta:

— Acabou?

Ela ainda pensou um pouco, mas não conseguiu achar nada no mundo para acrescentar e foi obrigada a dar a coisa por encerrada.

Pela ordem, agora era a vez de um dos maridos. Impossível concorrer com o discurso anterior. Em seguida àquela extensa lista de qualidades, ninguém mais ousaria ser qualquer coisa, e mesmo que quisesse não tinha sobrado nada. Ele disse simplesmente:

— Acho que sou tudo o que ela é, mas melhor!

A gargalhada foi geral. Até a portadora das qualidades foi obrigada a rir. Seguiu-se a outra esposa que, obviamente, afirmou:

— Sou tudo que eles são, mas ainda melhor.

Finalmente se viraram para o outro marido que, como era esperado, declarou ser melhor que os anteriores, mas com um sorriso maroto acrescentou:

— Porém, tenho uma qualidade extra...

Suspense. Ninguém podia imaginar o que era. Ele saboreou o silêncio antes de dizer:

— Sou mais esperto... fiquei para o final.

Novas gargalhadas, e dali em diante se conformaram em continuar criticando uns aos outros, o que todos nós sempre fazemos com muito talento e afinco.

SEX SHOP

— Não sei onde eu estava com a cabeça quando topei vir com você a esta sex shop.

— Deixa de ser careta. Aproveita. Vamos perguntar quais são as novidades.

— Não estou interessada.

— Olha este brinquedinho aqui.

— Ainda prefiro homem.

— Preferir todo mundo prefere, mas tá difícil. O negócio é partir pra fantasia.

— A única fantasia que me interessa neste momento é imaginar como vou sair daqui.

— Pela porta.

— E se eu encontrar um conhecido na saída? É a lei de Murphy. E se for, por exemplo, o coronel aposentado do terceiro andar? Faz tempo que estou de olho no filho dele. O pai já não vai muito com a minha cara, imagine o que não vai inventar para o filho se me encontrar saindo de um lugar destes.

— Seria uma sorte. Aposto como o filho ia te convidar pra sair rapidinho.

— É, mas com que intenções?

— Olha esta lingerie aqui. O filho do vizinho vai enlouquecer.

— Quem enlouqueceu foi você. Não conte comigo.

— Que nada: as quietinhas são as melhores clientes das sex shops.

— Não tenho certeza, mas acho que você está me chamando de puta enrustida.

— Compra, vai. Solta a franga.

— Se eu comprar, a gente vai embora?

— Relaxa, cara. Se você não ficasse só martelando nessa ideia fixa de ir embora, já teria notado que tem um coroa nos rondando. Você não disse que prefere homem?

— Pode ficar com esse.

— E se ele estiver interessado só em você?

— Aqui dentro, o mais provável é que ele esteja interessado em nós duas.

— Eu não disse que as quietinhas são as piores? Disfarça, porque o cara tá nos olhando meio escondido de trás da estante dos vibradores.

— Você já parou pra pensar que tipo de homem pode estar interessado nessa estante?

— Do tipo tímido. Aposto que ele só se escondeu ali para nos observar.

— Acho que cheguei ao fundo do poço: vir a uma sex shop e ficar esperando ser abordada por um homem que se esconde atrás de uma estante. Vamos embora ou não?

— Não. E não vira agora porque ele está vindo para cá.

— Só me faltava essa.

— Acelerou o passo... Epa, passou direto, está

saindo da loja! Que pena! Dá só uma olhadinha.

— Ih, perdeu.

— Viu? Admite que o sujeito não era de se jogar fora e valia a paquera....

— Paquera? Quando chegar em casa vou ligar correndo para o vizinho.

— Assim é que se fala.

— Quando o coronel souber que eu o vi dentro de uma sex shop vai ter que comprar o meu silêncio dizendo para o filho que eu sou a nora que ele pediu a Deus!

FIDELIDADE

Só quando o sapateiro perguntou se eu tinha cartão fidelidade é que percebi a força do tal sistema de pontos.

— Madame, dez consertos dão direito a um saltinho grátis. Ou uma boa engraxada de botas, daquelas com produto especial para couro.

Botas? Cara, eu moro no Rio de Janeiro, só usa botas aqui quem é *fashion victim*. Fico com o saltinho.

Agora tudo é cartão fidelidade e acúmulo de pontos. Milhagem em companhias aéreas e cartões de crédito são clássicos, mas hoje em dia há pontuação para restaurantes, lojas, supermercados, cafés, farmácias, e até administradoras de condomínios.

Num posto de gasolina, por exemplo, abasteci duas vezes e já tenho dois mil, cento e quarenta pontos. Troquei por cupons para o sorteio de um iPad. Avaliando o número de pessoas que abastecem naquele posto diariamente, calculo que a probabilidade de eu ganhar o iPad é de uma em dois bilhões. Como sou azarada em sorteios — até agora o único artigo que ganhei foi um bolo numa quermesse quando eu tinha quinze anos —, suponho que no meu caso essa probabilidade seja de uma para meio trilhão.

De qualquer forma, não perdi nada, não é? A não ser o fato de que agora eles têm meu e-mail e o número do meu celular. Com uma probabilidade de cem por cento, qualquer dia desses vou perder um tempão com alguma atendente de telemarketing que "possa estar me ligando e possa estar me oferecendo" a oportunidade de ser cliente VIP do posto se eu fizer um cartão de crédito com a bandeira da gasolina deles, cuja anuidade é gratuita no primeiro ano; e no segundo, vou ter que brigar para cancelar. Aceitando o cartão, ganharei um bônus de muitos pontos no posto, que trocarei por cupons para o sorteio de mais iPads. E a vida continua.

No cartão fidelidade da farmácia, nem tudo dá direito a marcar pontos. Comprou sabonetes e quer pontos? Nem pensar. Só comprando remédios tarja preta. Não dá pra ser feliz assim.

Num restaurante, vinte mil pontos ganham uma sobremesa. Você almoça lá umas quarenta vezes e ganha uma sobremesa de oito reais. Acha mau negócio? Compare com os trinta mil pontos necessários para ganhar uma caneta com o logotipo do seu cartão de crédito. Brindes melhores só com cinquenta mil pontos, isto é, quando você tiver ultrapassado todos os limites do cheque especial.

Não pode vencê-los? Junte-se a eles. Aproveito e inauguro, aqui e agora, o meu próprio sistema de milhagem: a cada crônica que você ler, ganha dez pontos. Quando completar quinhentos pontos, terá direito a uma linda foto autografada da autora. Nem tão linda, nem tão original, mas depois de ler tantas crônicas talvez você faça questão de pendurar a foto no seu escritório como alvo para um joguinho de dardos. Com setecentos pontos, a foto já vai com os círculos dos alvos impressos. Com novecentos e cinquenta pontos mando também os dardos. Imperdível.

PHILOSOPHANDO

Não adianta esconder: sou uma mulher de "omoplatas". Eu disse "omoplatas", não "escápulas".

De quem foi a ideia de trocar os nomes que aprendi na escola? Espero que exista um bom motivo para "perônio" virar "fíbula"! O que havia de errado com "perônio"?

"Cúbito" é sinônimo de "ulna". "Ulna"? Isso é nome de atriz sueca! E, de acordo com o mestre Houaiss, "cúbito" antigamente se chamava "cotovelo". Gente moderna tem dor de "cúbito" ou de "ulna", como preferir. Cotovelo ainda podia rimar com desvelo, ulna rima com quê?

Minha prima perdeu uma "rótula" num acidente doméstico. O Ronaldo lesou a "patela". Só descobri que era a mesma coisa depois que os dois estavam curados. Por uma questão de hábito, acho "rótula" mais elegante: "patela" parece conversa de veterinário.

Na atual nomenclatura do corpo humano, bicho pode, gente não. Explico: removeram todas as denominações que continham nomes próprios. Foi assim que a "trompa de Falópio" virou "tuba uterina" e a "trompa de Eustáquio" agora é "tuba auditiva". Mas "estribo", "bigorna" e "martelo" continuam firmes e fortes. Isso é ou não é assunto de cavalo? Não que eu seja do tempo das carruagens, mas às vezes penso que estou mais próxima das carruagens que de qualquer outra coisa. Avalio que minha reação se assemelhe à do pessoal que foi obrigado a escrever "farmácia" no lugar de "pharmacia". Confesso: sou ex-aluna da "Phaculdade de Philosophia". Para meu consolo, "Phebo" por enquanto ainda se escreve com ph.

Imaginem a confusão se fosse adotado o mesmo princípio em outras áreas. Nomes de lugares, por exemplo. Como se chamaria o bairro de "Vila Isabel"? "Vila da Princesa Que Assinou a Lei Áurea"? E o túnel "Noel Rosa"? "Túnel do Compositor da Vila da Princesa Que Assinou a Lei Áurea"? Surtei.

Adoro o progresso: se as coisas não evoluíssem, ainda estaríamos morando nas cavernas, o que me desagradaria muitíssimo. Mas constato que certas reformas estão fazendo de mim uma pessoa cada vez mais ignorante (no sentido da norma culta, por favor!). Desde que concluí a escola primária (perdão, o ensino fundamental...) assisti a umas três reformas ortográficas e cada uma delas acrescentou um número considerável de erros à minha escrita. Se viver o suficiente, acabo os meus dias "analphabeta".

MEMORABILIA

Muita gente tem uma coleção física de memórias afetivas. A minha consiste numa pequena caixa forrada de pano onde guardo cartões, um catecismo, um anel de miçangas, um brinquedo quase em bom estado, coisas assim. Já estive várias vezes para jogar tudo aquilo no lixo, mas nunca tive coragem suficiente. Sempre me pergunto por que guardar aquelas tralhas sem valor, ocupando espaço e criando mofo. As memórias que interessam estão todas na cabeça. As outras, se já as esquecemos, tanto melhor, não importam mais, a vida é movimento.

Tudo bem, a lógica é perfeita, ou parece, mas não consigo jogar aquela caixa fora. Olho para o brinquedo quebrado e fico imaginando como brincava com ele. Sinceramente, lembrar mesmo, não lembro. É ilógico guardar um traste velho que não serve nem para evocar lembranças. Como nem de longe sinto vontade de retornar à infância, talvez seja movida pela curiosidade de saber que tipo de criança fui e o que pensaria dessa criança se a visse com os olhos de hoje. Em outras palavras: conservo o brinquedo por puro devaneio.

Os cartões e o anel são memórias de gestos de carinho que recebi de algumas pessoas. Uma medalha que pertenceu a uma tia que nem conheci, mas de quem sempre ouvi falar, está na coleção. Outros itens só me recordam afetos perdidos. E aquele negócio de a vida ter de continuar, como é que fica?

A única explicação que encontro para conservar o catecismo é porque é bonito. A humanidade respeita o belo, talvez um dia eu possa vendê-lo para um antiquário ou doá-lo a um museu, supondo que algum desses lugares o aceite. Provavelmente, este raciocínio é só uma desculpa para a minha covardia.

Se eu jogar fora aquelas coisas, perco o rumo? Nem pensar. Na verdade, só me lembro da existência delas quando as vejo, em raros dias de arrumação geral. A meu favor tenho o argumento de que a maior parte da minha coleção é bastante antiga, sinal de que à medida que o tempo passa, acumulo menos inutilidades e sigo adiante.

Por enquanto fica assim: vou delegar a tarefa de se livrar daquela caixa a quem couber a empreitada de dar um jeito nos meus objetos pessoais quando eu desaparecer. Se for uma pessoa normal, e assim espero, vai jogar tudo fora sem dó nem piedade, como deve ser. A vida é efêmera.

Sérgio

Quando entrava em contato com aquela empresa quase sempre caía nas mãos do Sérgio, um funcionário de pequeno escalão incumbido de executar ordens de rotina. O atendimento dele, embora atencioso, era lento, e às vezes o combinado não saía exatamente como combinado. Tudo por telefone ou e-mail. A necessidade de conhecer pessoalmente os parceiros comerciais é cada vez menor.

Ela ia aturando aquele garoto, aprendiz do serviço, a quem delegavam as tarefas burocráticas, sem entender por que não o despediam. Certamente as falhas que aconteciam com ela aconteciam também com outros clientes.

Em determinada ocasião ela encomendou um material importante, mas o Sérgio se esqueceu de encaminhar o pedido ao fornecedor habitual. Só soube uma semana depois, quando, estranhando não ter recebido a confirmação que normalmente precisava assinar, telefonou para ele. Ficou furiosa. O Sérgio se desmanchou em desculpas e prometeu fazer o pedido imediatamente.

Apesar disso, sabendo que o atraso do material criaria muitos problemas num cronograma já bastante apertado, ela resolveu procurar uma solução alternativa. Deu sorte: no mesmo dia encontrou outra empresa em condições de entregar tudo num prazo menor. Fechou o negócio e em seguida ligou para o Sérgio, a fim de informá-lo e solicitar o cancelamento do pedido original. Telefonou, ele estava em outra ligação, deixou recado urgente, ele não retornou, telefonou de novo, passou e-mails, telefonou mais uma vez, deixou recado com outra pessoa. Como não recebeu a confirmação do pedido para assinar, supôs que os recados tinham sido dados, os e-mails lidos, e deu o caso por encerrado.

O material do novo fornecedor chegou e uma semana depois chegou também o material do Sérgio. Telefonou para ele, não conseguiu ser atendida, foi direto à gerência e explicou a situação. O gerente disse que a encomenda tinha sido feita "em confiança" apesar de não existir a confirmação assinada, mas que ela ficasse tranquila porque eles assumiriam eventuais prejuízos e recolheriam o material entregue. Ela teve certeza de que o gerente estava protegendo o funcionário. As coisas pioraram quando o fornecedor habitual cortou o crédito da firma onde ela trabalhava por falta de pagamento da encomenda que ela não tinha feito. Depois de muita dor de cabeça, o caso acabou se resolvendo, mas ela pediu para nunca mais ser atendida pelo Sérgio. Antes de causar problemas o moleque deveria primeiro aprender o básico.

Algum tempo depois ela teve uma reunião perto da empresa do Sérgio e aproveitou a oportunidade para entregar-lhes um documento que há muito estava pendente. Foi atendida pelo gerente, que lhe perguntou à saída:

— Você conhece o Sérgio?

Ela não tinha a menor vontade de conhecer o guri. Pensou em dar uma resposta rude, mas não quis ser grosseira. Contou até dez, e, conformada, prometeu a si mesma suportar educadamente a apresentação.

Apareceu um senhor de cabeça branca, quase com idade para ser seu pai, a um passo da aposentadoria, baixinho, sorriso tímido. A aparência não combinava em nada com a voz ao telefone, a figura idealizada nada tinha de real. Ela emudeceu, dividida entre a surpresa e a piedade. Se o tivesse conhecido antes, é provável que sua atitude em relação a ele fosse bem diferente. Mas como ela poderia saber? Ainda tentou se consolar, pensando que, qualquer que fosse o aspecto dele, era um incompetente, não tinha obrigação de relevar o prejuízo só porque o cara tinha o dobro da idade dela e não a metade.

Tarde demais: a culpa já estava instalada. Droga de imaginação.

QUEM?

Ela saiu do elevador e deu de cara com o casal.

— Heleninha! Meu Deus, há quanto tempo!

— ...?

— Você talvez não esteja contente de me ver, mas eu ansiava por um acaso destes há mais de cinquenta anos.

— ...?

— Depois daquela intriga toda... Sei que a Marina contou tudo para você. Quando as coisas se acalmaram ainda pensei em telefonar, mas tive medo. Achei que não atenderia às minhas ligações ou me cobriria de desaforos. Aliás, com toda a razão.

— ...?

— Agora... este encontro inesperado... Entendo o seu silêncio, a surpresa, mas é a minha oportunidade de lhe pedir desculpas. Desculpe, me desculpe, por favor.

— ...?

— Eu não devia ter saído com o Otávio sabendo como você estava apaixonada por ele.

— Não devia mesmo.

— Por favor, Heleninha, vamos esquecer o passado. Nós éramos duas adolescentes. Fui egoísta e traidora, mas já paguei com lágrimas o meu erro.

— Espero que tenha chorado bastante mesmo.

— Você não calcula quanto. Esse episódio tem me perseguido estes anos todos. E afinal ele era um cafajeste, nem valia a pena.

— Quer dizer que se ele não fosse um cafajeste você nem teria se arrependido de me trair?

— Não fale assim, amiga.

— Não me chame de amiga.

— Desculpe, Heleninha. Você não imagina como é difícil a gente ter consciência de que é a vilã da novela.

— Hoje em dia as vilãs são quase heroínas. Aposto que você curtiu sua esperteza, e por dentro ainda se vangloriou de ser capaz de me roubar o namorado.

— Heleninha, se arrependimento matasse... E ele não era seu namorado, você é que estava caída por ele.

— E você sabia.

— É verdade, mas ele me paquerou e eu não resisti à tentação. Senti-me poderosa.

— Falta de caráter a sua, para dizer o mínimo.

— Pelo amor de Deus, me perdoe.

— Destruir uma amizade de infância por causa de um cafajeste! Francamente!

— Paguei um preço alto por isso.

— Mereceu.

— Perdão, Heleninha, perdão. Será que a gente pode combinar um almoço ou um café? Gostaria muito de reatar nossa amizade.

— Você tem sorte de eu ainda estar aqui conversando civilizadamente.

— Tem razão, Heleninha.

— Me dê o número do seu telefone. Vou pensar. Se resolver, eu ligo.

— Por favor, Heleninha, significa muito para mim. Isso foi o trauma da minha vida.

— O passado deve ficar no passado. Esquece o caso do Otávio. Não só perdoo você, como agradeço.

— Jura?!

— Ele era um cafajeste, não era? Também ouvi coisas horríveis sobre ele. Se eu tivesse namorado aquele vagabundo teria sofrido muito. Você sofreu no meu lugar.

— Nunca tinha pensado nisso.

— Você me fez mal, mas indiretamente acabou me fazendo bem. Estamos quites. Vamos encerrar o assunto.

— Então você me perdoa?

— Completamente. Agora nos desculpe, mas eu e meu marido precisamos ir. Temos um compromisso e essa história já nos atrasou demais.

— Obrigada, Heleninha. Gostaria muito que você me telefonasse, mas, de qualquer forma, o nosso encontro de hoje já tirou um peso das minhas costas.

***

— Marisa, quem é essa mulher?

— Não faço a menor ideia, nunca vi mais gorda.

— Mas ela conhece você desde a infância.

— Conhece a Heleninha, que deve ser parecida comigo. Elas não se veem há décadas. Confundiu-se. Eu quis negar, mas a mulher falava o tempo todo, não me dava chance. Quando entendi do que se tratava, resolvi deixar a conversa prosseguir um pouco antes de estragar a felicidade da pobre coitada.

— Ela ficou tão transtornada que nem notou a sua hesitação.

— Percebi como era importante para ela o perdão de um pecado que cometeu na juventude, era quase uma criança. Fiquei com pena, resolvi perdoá-la.

— Mas seu perdão não vale nada, você não é a Heleninha.

— Mas ela não sabe. Para ela o perdão foi verdadeiro.

— Teria sido mais honesto da sua parte desfazer o mal-entendido.

— De que adiantaria? Tive a chance de aliviar um sofrimento que não conduzia a nada e não prejudiquei ninguém. Fiz uma boa ação.

— E no dia em que ela encontrar a Heleninha certa? Imaginou a cena?

— As chances são mínimas, vai ver a outra até já morreu. No máximo a tal Heleninha vai achar que ela enlouqueceu de culpa e perdoá-la de verdade.

— Ou podem brigar feio...

— Ao menos por enquanto essa aí vai dormir em paz.

— E ficar esperando o seu telefonema, quer dizer, o da Heleninha.

— Roubou o namorado da amiga. Merece essa pequena ansiedade. Vamos embora, estamos atrasados.

AI DE MIM

*Senhores profissionais de saúde, não me
processem: o texto que se segue é uma obra de
ficção.*
*Não é científico, não é exato, não é
verdadeiro.*
Mas é sincero.

Primeiro foi a dor no joelho esquerdo. O clínico
me disse que era artrose. Eu já sentia isso há algum tempo nos dedos dos pés e das mãos e um amigo médico tinha avisado que por enquanto não existe solução. Tem que ir administrando.

Para aliviar a dor no joelho, o clínico me aconselhou a fortalecer a musculatura da coxa. Entrei para uma academia, o instrutor decretou que o ideal era fazer exercícios com peso. Fiz. Acho que exagerei, porque logo comecei a sentir dor na coluna.

Consultei um fisioterapeuta sobre a coluna. Ele me proibiu de segurar qualquer peso, nem bolsa a tiracolo, e disse que eu precisava fortalecer a musculatura do abdômen. Seguindo essa orientação, a coluna melhorou, mas o joelho voltou a doer. Os pés também. Descobri que não era só a artrose nos dedos, eram também os joanetes que estavam aumentando a olhos vistos. Para quem escapou das dores do crescimento na adolescência, é desmoralizante sofrer com o crescimento dos joanetes.

O ortopedista afirmou que, joanetes, só operando. Nem morta. Bem, morta, tanto faz. Recomendou umas palmilhas. As palmilhas não cabiam nos sapatos comuns, só dava para usar com tênis. De tanto manter os pés abafados, arranjei uma micose complicada. Achei melhor voltar às sandálias e deixar o joanete crescer.

Para combater a micose tomei um remédio forte, que provocou um efeito colateral desagradável. Sem entrar em detalhes, só digo que foi no aparelho digestivo. Consultei uma especialista no assunto. Apalpou a minha barriga e avisou que eu tomasse muito cuidado, porque estou propensa a desenvolver uma hérnia. Principalmente, deveria evitar exercícios que forçassem o abdômen. Mas como fica a minha coluna se eu não fortalecer o abdômen?

Quem sabe se eu perder um pouco de peso alivio a coluna? Procurei uma nutricionista. Ela quer que eu tome iogurte todo dia. Eu odeio iogurte. Perdi quinze quilos, a coluna melhorou, mas estou uma pilha de nervos. Toda manhã olho para aquele iogurte e me desespero. A coisa ficou tão feia que o psiquiatra me receitou um antidepressivo. Estou tomando, escondido do homeopata.

Por falar em homeopatia, há também o problema da reposição hormonal. Meu ginecologista é um defensor ferrenho, meu homeopata é visceralmente contra. Botei um em contato com o outro, só não acabou em morte porque foi por telefone. Fiquei assustada. Agora tomo hormônio, dia sim, dia não. E homeopatia, dia não, dia sim. Eles não podem saber, é claro. Todos dois acham que melhorei muito. Só não estou bem certa do que foi que melhorei. De concreto mesmo, só a saudade que sinto do tempo em que eu tinha apenas uma dor no joelho.

Meus heróis

Meus heróis não são desses que vão à guerra libertar países, nem são exemplos de superação, mas, simplesmente, indivíduos comuns com coragem suficiente para matar as baratas que cruzam o meu caminho.

Talvez não confessem, mas muitas pessoas, não só mulheres, se sentem da mesma maneira. Não precisa ser barata, pode ser aranha, lagartixa, sapo, rato ou besouro, o sentimento se repete. Alguns falam em nojo, mas é pânico mesmo, um medo irracional que não adianta explicar muito. Perigo real, como leão ou cobra, é outra coisa.

Por causa disso já vivi situações inusitadas. Um dia, dirigindo, sozinha no carro, vi despontar ao meu lado o animal repugnante. Felizmente estava entrando num estacionamento de shopping e não numa pista de alta velocidade como poucos segundos antes, ou não estaria aqui para contar a história.

Não deu nem tempo de encostar o carro. Saí desarvorada, deixando a porta escancarada e as chaves na ignição. Só levei a bolsa porque tenho o hábito de mantê-la entre o banco e a porta e, portanto, para sair precisava tirá-la do caminho.

Sem coragem para estacionar, chamei um segurança, que me pediu encarecidamente que movesse o carro por uns cinquenta centímetros para que a fila de veículos que se formara atrás de mim pudesse andar. Fiz a manobra num lampejo de racionalidade, a muito custo, mantendo a porta aberta e uma perna do lado de fora, façanha que seria impossível se o câmbio não fosse automático. Isso, somente depois de o segurança jurar, por duas vezes, que perderia o emprego se o flagrassem dirigindo o carro de uma cliente.

O homem, um homenzarrão dois por dois, me levou a sério, talvez por causa das minhas mãos trêmulas. Enquanto isso, a barata desapareceu. Fizemos buscas infrutíferas, ele de perto, eu de longe. Mal acabei de declarar que só entraria no carro se o bicho fosse encontrado e devidamente retirado, a barata reapareceu no banco do motorista.

Meu herói se agachou imediatamente para lhe dar combate. Mas como se combate uma barata? Ofereci um sapato, ele declinou. Tentou atingi-la, creio que com o quepe que usava, mas não conseguiu. Era um segurança armado: quem sabe tivesse lhe ocorrido, como a mim, usar o revólver, e concluído, como eu, que não era o instrumento certo para a tarefa. Viu que ia perder a batalha e teria problemas com um carro abandonado no meio do estacionamento.

— A senhora pode me emprestar aquele sapato?

Nem pensei duas vezes: tirei o sapato do pé. Apesar do descontrole, lamentei não haver câmeras por perto nem ter o sangue frio necessário para fotografar a cena hilária: uma mulher pequena, no meio do asfalto, com um dos pés descalço, e um homem enorme, agachado no chão, dando caça a uma barata armado de uma sapatilha azul.

Mas meu herói venceu a batalha, e o considerei digno dos louros de César. No momento seguinte, eu percorria as lojas buscando um inseticida que tornasse o ambiente daquele carro irrespirável para baratas. Vai que a danada fosse casada, e o conjugue andasse por lá à sua procura. Encharquei o carro de spray e o tranquei. Se alguém riscasse um fósforo lá dentro, acho que explodiria, e seria difícil provar que não se tratava de um carro-bomba. Repeti a operação quando estacionei em casa, sã e salva. Durante dias o ar ficou irrespirável, até para mim, para quem cheiro de inseticida é perfume.

Quando não há heróis por perto, o jeito é recorrer ao inseticida. Eu ainda morava com meus pais e irmãos, mas estava sozinha em casa quando entrou uma voadora pela janela do quarto.

Enquanto fui buscar a arma, ela se escondeu, sabe-se lá onde. É sempre assim, basta a gente virar as costas por um momento. De spray em punho, revistei minuciosamente cada canto do quarto e concluí que a asquerosa tinha ido para outro cômodo.

Entupi o quarto de inseticida, fechei todas as frestas com panos, incluindo o buraco da fechadura, e fui dormir. Na manhã seguinte, um dos meus irmãos bateu à porta, e quando entrou, em vez de me dar bom-dia, dirigiu-se à cortina da janela e bateu com força. Era a barata desaparecida. Ou uma sósia, porque havia sete baratas no quarto, grogues e desesperadas. Todo o cuidado para que a barata não entrasse no quarto acabou servindo para que ela e as companheiras não conseguissem sair. Levei dias para me recuperar emocionalmente.

Barata na rua em geral vem na minha direção.

Isso já me rendeu alguns pulos cômicos, com ou sem o apoio (físico) de um braço amigo. Elas correm para mim, eu pulo, elas passam por baixo. É parecido com pular corda. Até em *lobby* de hotel cinco estrelas já encontrei barata, para desespero dos funcionários, todos eles transformados em meus heróis.

Barata em avião, aposto que nunca ouviram falar. Aconteceu comigo, num voo da Varig, na hora do jantar. Viajava na janela, quando a cascuda subiu pela parede ao meu lado, em contraste absoluto com aquela superfície lisa e branquinha.

Não me perguntem como, mas um segundo depois me vi no corredor. Nem sei quem pegou a bandeja da minha mão enquanto eu pulava por cima dos outros dois passageiros e de suas refeições.

O avião estava lotado, e quando a aeromoça disse que eu teria de voltar ao meu lugar, recusei veementemente. Só se matassem a barata. Ela retornou pouco depois informando que tinham conseguido, mas obviamente era mentira, porque ninguém foi capaz de exibir os restos mortais.

Permaneci em pé até à hora da aterrissagem, quando a aeromoça quis novamente me obrigar a voltar para a poltrona. Havia lugar na primeira classe, mas ela resolveu dar-me uma lição e negar-me o privilégio, acrescentando que eu seria a única responsável no caso de me acidentar. Outra aeromoça se compadeceu e ofereceu-me um dos bancos retráteis destinados à tripulação. Escrevi uma carta enorme para a companhia aérea, que nunca me respondeu. Até hoje tenho raiva daquela aeromoça que, se minhas pragas deram certo, toda semana continua sendo atacada por pulgas famintas.

No entanto, nada que eu possa ter vivido rivaliza com uma história, verdadeira, que li no jornal há muito tempo, sobre uma mulher que tinha pavor de barata e estava sozinha em casa quando apareceu uma. Ela a matou (com inseticida, é claro, porque gente como nós não tem coragem de usar métodos mais diretos) e jogou o corpo no vaso sanitário. Mesmo depois de a barata ser tragada pelas águas, a mulher colocou mais inseticida no vaso e baixou a tampa (gente como nós faz isso só para garantir, reparem que seguimos padrões de comportamento facilmente identificáveis).

Saiu, e o marido chegou sem saber de nada. Foi usar o banheiro e, como quase todo mundo, sentou-se no trono para ler o jornal. Ao mesmo tempo, acendeu um cigarro, descartando no vaso o fósforo aceso, o que provocou a combustão do inseticida, causando-lhe queimaduras sérias.

Socorrido por um serviço de emergência em casa, deitado de bruços na maca, os paramédicos perguntaram-lhe como tinha conseguido queimar aquela parte do corpo. Ele contou os detalhes enquanto desciam as escadas do prédio, rumo à ambulância. Os paramédicos tiveram um ataque de riso tão incontrolável que deixaram cair a maca e, nesse segundo acidente, o pobre homem quebrou não sei quantos ossos.

Acreditem: baratas podem causar tragédias.

ASSOMBRAÇÕES

A casa era pequena: sala e cozinha no andar de baixo, dois quartos e um banheiro no andar de cima. Em um dos quartos dormia o casal, no outro as duas filhas, uma delas adolescente, a outra com uns dez anos de idade. Estavam felizes, porque, apesar de a construção ser modesta, a residência era própria, comprada há pouco tempo com muito sacrifício.

Uma noite, porque essas coisas costumam acontecer com mais frequência à noite, as meninas acordaram com um barulho estranho e forte vindo do andar de baixo. A coisa era assim: primeiro uma pancada violenta — PÁÁÁAAAA — depois um ruído longo e estridente, como se fosse um reco-reco fantasmagórico — TRRRRRRRRRRRRRRRR — e, em seguida, um resfolegar, um arfar, um sopro pesado como se alguém (ou algo) estivesse com dificuldades para respirar — AAHH, PFUFF, AAHH, PFUFF, AAHH, PFUFF.

Apavorada, a caçula agarrou-se à irmã, que no primeiro momento achou que estava acordando de um pesadelo. O engano não durou muito tempo, porque logo tudo se repetiu. Uma, duas, três vezes, aquela coisa inumana. Ladrão não era, jamais faria tanto alarde. Só podia ser coisa do outro mundo, um caso de alma penada, como nas histórias que lhes contavam de vez em quando. Começaram a rezar para espantar o espírito, mas o barulho só fez aumentar. Talvez fosse um fantasma querendo se vingar, ou alguém tivesse amaldiçoado o local. Rezaram com mais força e mais fé, mas não adiantou nada.

Assustadíssimas, esgueiraram-se até o outro quarto, onde os pais também já estavam acordados por causa do mesmo barulho. Todos juntos, escutaram aquilo se repetir, falando entre si só por sussurros. Não podiam ficar ali indefinidamente, precisavam saber o que estava acontecendo, se era caso de polícia ou de padre. O pai decidiu averiguar, enquanto a mãe e as filhas vigiavam, prontas para dar o alarme.

O pai desceu as escadas, as mulheres na maior expectativa. A respiração pesada aumentou, ficaram ainda mais alarmadas. Ouviram abrir a porta da rua. Gritaram por ele, não respondeu. Gritaram de novo, ele disse para descerem porque estava tudo resolvido. Correram para o térreo. A sala encontrava-se na penumbra, iluminada apenas pelo reflexo da luz que vinha da rua. Acenderam o lustre, não notaram nada de anormal a não ser alguns pequenos objetos espalhados.

Interrogaram o pai. Havia um gato assanhado na sala. Gato bicho. Quem já teve oportunidade de ver um gato nessas condições, sabe como o bichano se transforma numa fera perigosa. O pai explicou que teve sorte, porque conseguiu abrir a porta da casa sem ser atacado, tendo o gato se precipitado imediatamente para fora seguindo a direção da claridade.

É obvio que o gato entrara sem ser visto e não tinha conseguido sair da casa trancada. Na única janela do térreo havia uma persiana. O animal via a iluminação da rua através da persiana e se jogava nela, tentando escapar — PÁÁÁAAAA —, depois vinha descendo pelas tiras de plástico com as garras estendidas procurando agarrar-se a cada uma delas — TRRRRRRRRRRRRRRR — e em seguida caía no chão, onde tentava recuperar o fôlego para dar novo salto — AAHH, PFUFF, AAHH, PFUFF, AAHH, PFUFF. O procedimento se repetia, o gato cada vez mais cansado e irritado.

A explicação pode ser simples, mas o susto foi grande. Naquela hora, todo mundo acreditou em assombrações. Pode acontecer com qualquer um. E às vezes sem o gato.

As trutas do japonês

Quando cheguei, sabia que trutas eram a especialidade local. Hotel aconchegante, sossegado, tudo o que eu precisava por duas semanas. O gerente, um japonês brasileiro que se esforçava para tornar a estadia ainda mais agradável, imediatamente falou nas trutas, numa conversa que transpirava orgulho. Sua família criava as maiores e melhores trutas da cidade, talvez do mundo. Dispôs-se a trazer algumas para mim.

Não sou exatamente apaixonada por trutas. Tenho certeza de que ele percebeu isso logo de cara, e resolveu aproveitar a chance para exibir sua hospitalidade. Meu arsenal de desculpas delicadas foi se esgotando à medida que o japonês, cada vez mais gentil, ia refinando a oferta: primeiro incluiu um convite para visitar a propriedade da família, e depois uma receita imbatível da avó dele.

Passei a evitar a portaria do hotel, coisa difícil naquele ambiente pequeno e familiar. Desisti. Se não aceitasse comer as benditas trutas, e tecer todos os elogios ao meu alcance, ia acabar estragando as férias.

Tudo bem, amanhã irei visitar as trutas. Pode até ser divertido, quem sabe?

Não fui. Com uma desculpa delicada, o japonês adiou por vinte e quatro horas toda a operação. Também não aconteceu no dia seguinte, porque um problema qualquer na família dele tornou a visita impossível naquela semana. Entretanto, as trutas viriam para o jantar, com toda a pompa.

Não vieram. Aos poucos, senti que o japonês me evitava, o que era muito mais difícil para ele do que tinha sido para mim, afinal o cara trabalhava no hotel.

Vingativa, comecei a persegui-lo, assistindo o esgotamento de todo o seu arsenal de desculpas delicadas. Nos últimos dias, fugindo de mim, o japonês se esgueirava pelos cantos.

Meu lado mau adorou.

Alunos

Era o primeiro dia de aula de uma turma de alfabetização em um modesto colégio público no subúrbio. Aquelas crianças nunca tinham frequentado uma escola, e a professorinha recém-formada nunca tinha dado aula antes.

Ela começou a ler o nome dos alunos em voz alta, pedindo que cada um se levantasse por alguns segundos para que todos se conhecessem. Quando chegou a vez do Reginaldo, o garoto deitou a cabeça sobre a carteira, mergulhada entre os braços cruzados.

Achando que era timidez, a professora aproximou-se dele com a intenção de conquistá-lo. Foi aí que sentiu o cheiro: de tão nervoso, o menino tinha feito cocô ali mesmo. Afastou-se para desviar a atenção das outras crianças e chamou uma funcionária. Combinaram que a professora levaria a turma para o pátio, deixando o Reginaldo na sala para as providências cabíveis.

Parte dos alunos do lado de fora e parte ainda

dentro da sala de aula, um deles percebeu a situação e, com a crueldade inerente à infância, anunciou triunfante:

— Ele fez cocô nas calças, ele fez cocô nas calças!

Foi um tumulto: a professora inexperiente, a funcionária despreparada, as crianças zoando o Reginaldo. Ele nunca mais se livrou do estigma, e naquele ano, é claro, não aprendeu a ler.

Sandra insistia muito para que a professora fosse almoçar em sua casa. Ela não levava o convite a sério, mas intuiu que a negativa sistemática estava provocando na menina um terrível sentimento de rejeição e marcou um dia para o tal almoço.

Na data combinada, Sandra não cabia em si de contente. Orgulhosa, entrou em casa exibindo a professora como um troféu, mas diante da reação da família, a professora percebeu que eles não tinham sido avisados do convite. A mãe entrou em pânico, e ficou ainda mais aflita quando a filha anunciou que a professora tinha vindo para almoçar. Com os olhos baixos de vergonha, disse que só havia uma sopa. A professora aceitou de bom grado, mas as pessoas mantiveram-se visivelmente constrangidas durante toda a refeição.

As notas da menina e o seu comportamento melhoraram muito depois do episódio, apesar de a mãe, coitada, pedir desculpas à professora toda vez que a encontrava. Desnecessárias: a sopa estava ótima.

Sebastião era desatento, bagunceiro e muito meigo. Apesar de inteligente, estava despreparado para a série que estava cursando.

Naquele ano a prefeitura da cidade promoveu um concurso de redação com o mote "Menos barulho, mais tranquilidade". O tema era difícil, principalmente para as turmas de menos idade, como a do Sebastião. Cada professora explicou o assunto aos seus alunos e a maioria das crianças apresentou redações parafraseando o que ouviu.

Não o Sebastião: esperto, com ideias próprias, colocou a coisa no contexto do seu cotidiano. Escreveu, em linhas gerais, com muitos erros de ortografia, o seguinte:

"Eu tinha um irmão pequeno, ele chorava muito, então eu coloquei ele na banheira e ele parou de chorar. Por isso é que eu digo: menos barulho, mais tranquilidade."

Provavelmente era só imaginação infantil e o irmãozinho não corria riscos reais, mas, pelo sim, pelo não, a redação foi descartada para fins de concurso.

Ainda o Sebastião: ao final do ano letivo, a professora ficou num dilema. Com muita condescendência ele poderia ser aprovado, mas enfrentaria tantas dificuldades no ano seguinte para acompanhar os outros alunos que talvez até desistisse de estudar. Decidiu fazer a coisa certa: reprová-lo.

Ao receber a notícia, os olhos do Sebastião se encheram de lágrimas. Já estava na porta de saída quando voltou, tirou um embrulhinho do bolso, e disse:

— Para a senhora...

A professora teve que fazer um enorme esforço para não chorar também, mas chorou em muitas outras ocasiões ao se recordar do presentinho do Sebastião.

A professora se ausentou da sala de aula por alguns instantes e quando voltou encontrou o caos instalado. Diante da cara zangada, as crianças se acalmaram, mas ela não quis deixar barato: declamou, num tom de reprovação extrema, uma estrofe de Camões. Ouvindo aquela enxurrada de palavras desconhecidas, mas provavelmente portadoras de horríveis reprimendas das quais elas se consideravam plenamente merecedoras, as crianças permaneceram em silêncio mortal. A professora nunca mais repetiu o lance: teve medo de não conseguir controlar a gargalhada no meio da bronca.

Nomes, nominhos

— **D**orinha, você viu a minha camisa azul?

— *Dora*. Meu nome é *Dora*. Por que você vive me chamando de Dorinha?

— É carinhoso, meu amor. Você viu a camisa azul ou não?

— Se eu me chamasse Josenilda e você abreviasse para Jô, ainda dava pra entender. Mas encompridar Dora pra Dorinha não tem explicação.

— O diminutivo é sempre mais agradável.

— Nem sempre. Lembra daquela sua colega, a Magali, que vocês viviam chamando de "Magalinha"? Não era bem por delicadeza.

— Mas no seu caso é diferente, querida.

— Diferente por quê? Meu nome é Dora, Do-ra. É curto, é prático, não tem que colocar esse "inha" no final.

— Bobagem sua, Dori... Dora.

— E o pior é que não é só você. Outro dia conheci uma mulher lá na academia. Em dez minutos já estava me chamando de Dorinha. Era Dorinha pra lá, Dorinha pra cá. Não disse nada, mas fiquei puta. Nem cumprimento mais a abusada. Será por que eu sou baixinha? Bem que eu preferia ter um metro e setenta. Aí queria ver quem teria coragem de me chamar pelo diminutivo "carinhoso".

— Cisma sua. Você tem altura quase normal. A Lourdes, por exemplo, é muito mais baixinha que você.

— E ninguém a chama de Lurdinha. Percebeu a diferença? Tem alguma coisa errada comigo. Até os porteiros só me chamam de Dona Dorinha. Reclamei. Por uns poucos dias fui a Dona Dora, mas logo voltei a ser a Dona Dorinha. Desisti.

— Você pode trocar de nome.

— Não ia adiantar. O problema é comigo. Se eu me chamasse Hermenegilda, em pouco tempo ia virar D. Gildinha.

— É porque você é uma pessoa muito doce.

— Doce, uma pinoia. Eu sou é insignificante. Um nada.

— Cara, que viagem! E eu só queria saber se você viu a minha camisa azul...

— Ninguém impõe respeito no diminutivo. Você já viu alguém ocupar um cargo importante e ser chamada, por exemplo, de Dra. Maroquinhas?

— Com ou sem diminutivo, "Marocas" é um caso perdido...

— Que nada! A pessoa faz o nome, e não o contrário. Se eu me chamasse Luiza, virava Luizinha. Se fosse Rita, era Ritinha.

— Mas, querida, você está preocupada com uma bobagem. É bonita, talentosa, inteligente, simpática. Que diferença um nome pode fazer na sua vida? Você podia até se chamar Marocas, que nada mudava.

— Você acha mesmo?

— Não tenho a menor dúvida.

— É, talvez você tenha razão. Liga não, de vez em quando a gente surta. Valeu, Paulinho.

— *Paulo*. Meu nome é *Paulo*.

O PRODIGIOSO EVARISTO

Muitas palavras não combinam com a definição que lhes dá o dicionário, e prova disso é que quase todo mundo, alguma vez na vida, já achou que o melão deveria ser o marido da melancia. Assim, foi divertido quando Evaristo resolveu atribuir a algumas palavras um novo sentido, que realmente combinava com elas: "clavícula" virou instrumento musical e "véspera" um inseto pré-histórico.

Aos poucos, Evaristo foi despojando do significado original um número cada vez maior de palavras. Várias pessoas tinham dificuldade para conversar com ele, mas não tinham coragem de admitir, porque sua inteligência era famosa. Não se julgavam qualificadas para contestá-lo quando ele chegava a uma lanchonete, apontava para o pão de queijo e dizia: "Por favor, me dê esta coxinha sem galinha". Criativo, o Evaristo.

De repente, ele começou a omitir palavras nas frases. Para pedir um pão de queijo, no lugar de dizer "Por favor, me dê esta coxinha sem galinha", dizia simplesmente: "Por favor, sem galinha". O sentimento geral foi de que o raciocínio dele era tão rápido que, para conseguir expressá-lo com a mesma velocidade, Evaristo precisava retirar da linguagem tudo que fosse supérfluo. Brilhante.

O número de palavras omitidas foi se tornando cada vez maior. Ninguém mais o compreendia, mas ele parecia não se importar. Por unanimidade, passou a ser considerado um gênio, que preferia dedicar-se completamente ao pensamento abstrato sem necessidade de dar explicações inúteis. Admirável.

Por algum tempo, Evaristo ainda usou vocábulos da língua portuguesa (embora completamente despidos do seu sentido original), mas, em permanente processo de evolução, não tardou a desprezar também a linguagem formal. Agora só se importa com o conhecimento e o raciocínio, e fala coisas que soam como "cdrjhh juinc".

Estudiosos afirmam que, em breve, Evaristo superará a si mesmo, libertando-se de qualquer forma de linguagem, só restando o pensamento em estado puro. Estão convencidos de que ele será o primeiro ser humano a usar comunicação telepática. Infelizmente, por enquanto não existem na Terra interlocutores à altura de Evaristo, nem a humanidade está preparada para compreendê-lo. Mas muitas pessoas já perceberam que ele é o mensageiro de uma nova era de espiritualidade.

FACEBOOK

Aquele perfil de dominatrix grega não é o meu, apesar da semelhança evidente. Tampouco o da adestradora de cavalos: imaginem se eu usaria coturnos roxos!

Estou cansada de desmentir esses perfis. Só esta semana foram quatro, sem contar o publicado na Bósnia. Lá, ninguém me conhece mesmo, não valia a pena contratar um tradutor para o desmentido. Mas, confesso, achei as fotos bem interessantes.

Isso da Bósnia não me surpreende. No Twitter tenho um seguidor do Zimbabwe chamado Khumutamba. Como é que um cara desses resolve me seguir?

Meu assessor de imprensa diz que o fato de haver tanta gente interessada em escrever perfis falsos para mim é positivo: é o preço da fama. Positivo para ele, que cobra por hora e ganha um bom dinheiro ajudando a desmentir os mais diversos absurdos, não duvido que esteja envolvido em alguma falcatrua, quem sabe não foi ele próprio que encomendou o perfil da dominatrix grega?

Até entendo que as pessoas queiram difamar um desafeto ou espalhar boatos, afinal a maledicência faz parte da natureza humana. Mau caráter, idem: há indivíduos cujo prazer não respeita nada. Também aceito a teoria de que escrevem perfis mentirosos para realizar a fantasia de ser uma personagem importante, mas só pode ser coisa de gente burra ou incapaz. Se o elemento quer aparecer, por que faz algo que obrigatoriamente requer anonimato?

Antigamente, eu me importava muito com as bobagens que publicavam em meu nome, mas agora estou pensando em criar, eu mesma, alguns perfis falsos. Como celebridade, um dos meus sonhos é ficar invisível de vez em quando. Por que não?

Começo com um perfil falso para o meu assessor de imprensa, onde ele vai aparecer pobre, gordo e semianalfabeto. Depois arraso o meu ex, inventando que ele é gay enrustido. No caso da vizinha que mente para todo mundo, dizendo que é minha melhor amiga, basta uma foto do balofo do marido dela cochilando na varanda de pijama estampadinho. E não posso esquecer a repórter da revista de fofocas que inventou três romances para mim no ano passado!

Posso até inserir algumas das minhas fantasias no meu perfil verdadeiro, e depois desmentir tudo. Ou, se me agradar, endossar um dos meus perfis falsos. Haverá tanta confusão em torno do meu nome que ninguém nunca vai saber a verdade. É um risco, eu sei, mas vou me divertir um bocado. Compensa...

Morte e vida

Dizem, não me lembro, que nascer é um ato traumático. Também dizem, não está confirmado, que morrer idem. Tem sido bastante explorado o tema de viver de trás para frente, começando pela velhice e terminando pela infância.

Pois eu acho que seria melhor morrer logo em seguida ao nascimento para despachar de vez as duas coisas, principalmente esse negócio de Alzheimer, doenças cardíacas e outros males que nos ameaçam. Aí poderíamos viver o resto da vida em paz, já tendo pago a conta no que diz respeito à reta final. Depois era só desaparecer num sopro, sem sofrimento nem hora marcada, sem correr o risco de demência senil.

A ideia de começar pela velhice e terminar pela infância não me atrai. Há fraldas nos dois extremos, e sou muito apegada à experiência que adquiri ao longo dos anos. Antes terminar a vida com um bom copo de vinho do que com uma mamadeira, e tenho certeza de que prefiro continuar velha a virar um bebê fazendo gracinhas para entreter os adultos. Lixe-se a aparência. A velhice pode ficar, só gostaria de aproveitá-la sem medo.

A idade avançada, em si, não é um mal, muito pelo contrário, o que estraga é a antevisão dos problemas físicos que costumam surgir no final da existência e acabam interferindo em nossa capacidade de aproveitar o tanto que a vida madura oferece de bom. É assustador conviver com uma espada dessas sobre a cabeça.

Pelas leis da natureza, ditadora implacável à qual estamos submetidos, tudo nasce, vive e morre numa renovação constante, mas, aparentemente, só os humanos têm consciência disso. Não acredito que uma orquídea se preocupe com o fato de que vai murchar, muito menos que um besouro se previna contra a velhice, mas nós somos obrigados a lutar pela sobrevivência mesmo sabendo que é uma batalha perdida, já que o declínio é inevitável. Será que não dava para negociar pelo menos uma inversão na pauta?

Se for de todo impossível resolver logo de início esse negócio de decadência e morte, proponho que a natureza nos dispense do corpo físico, porque ele parece estar preparado para cobrar uma dor por cada prazer que proporciona, uma espécie de contrapartida para equilibrar as coisas e deixar tudo no zero a zero. Acho que, bem lá no fundo, muitos gostaríamos de ser apenas almas. Mas o que entendemos nós de alma, se é que isso existe?

DILEMA

Ela entrou no escritório e disparou a pergunta para as colegas:

— Se o seu marido te traísse, você gostaria de saber?

As opiniões se dividiram:

— Melhor saber do que continuar vivendo uma mentira.

— De jeito nenhum. Acabaria com o meu casamento, onde há muito mais coisas envolvidas do que isso. Se alguém souber de algo parecido, favor não me contar. E se me contarem vou fingir que não sei.

— Depende, talvez fosse um bom pretexto para pedir o divórcio e arrancar tudo do canalha.

Ela acabara de ver o marido de uma amiga numa loja, acompanhado de uma mulher uns vinte anos mais jovem, obviamente encantados um com o outro. Assustada, escondeu-se atrás de uma arara para não ser descoberta. A moça estava em dúvida entre dois vestidos, um branco e outro azul, pedia a opinião dele. Acabou se decidindo pelo azul, ele pagou, a vendedora embalou a roupa com todo o cuidado numa caixa dourada chiquérrima e os dois saíram alegres com o pacote.

E agora, contava ou não para a amiga? Se contasse poderia estar terminando com um casamento, se não contasse se sentiria traindo a outra. *Calma, nada de decisões precipitadas em assuntos sérios.* Talvez fosse apenas uma aventura sem importância, talvez o casamento deles já tivesse acabado ou se transformado numa relação aberta. Ninguém sabe com certeza o que se passa entre marido e mulher, e as aparências enganam.

Virou-se para a colega que achava melhor saber de tudo e fez nova pergunta:

— Você gostaria que lhe contassem. Mas se soubesse que uma amiga sua está sendo traída pelo marido, contaria para ela?

A outra titubeou.

— Se eu tivesse menos experiência do que tenho agora, acho que contaria, mas atualmente ficaria quieta, porque, na realidade, sei de mais de um casal onde ele ou ela tem casos às escondidas e, apesar de tudo, continuam juntos e vivendo bem.

Alguém acrescentou:

— Conheci um casal em que ele a traiu durante anos com a melhor amiga dela. Todo mundo sabia, menos a esposa. Quando descobriu foi um choque, ficou magoada com os amigos, acusou-os de enganá-la e deixá-la fazer papel de idiota.

— Eles se separaram?

— Que nada. O circo pegou fogo, mas ficaram casados até à morte dela. E depois ele se casou com a amante.

O exemplo acirrou a discussão, mas mesmo assim a maioria das mulheres ainda preferia não dizer nada, alegando que não queria causar esse sofrimento à amiga.

— Se ela descobre que o marido tem um caso, você sabia, e não contou, provavelmente vai ficar furiosa e perder a confiança em você.

— Nessas circunstâncias eu diria a verdade: não contei porque não queria vê-la infeliz.

— Você supõe que ela ficaria infeliz, mas poderia ser diferente. E se ela também tivesse um amante secreto? Talvez se sentisse aliviada da culpa.

Uma, mais maliciosa, acrescentou:

— Se você descobre que o seu marido tem um caso, arrumar um amante melhora a autoestima, sem falar no prazer da vingança. Às vezes até ajuda a salvar o casamento.

— Um amante é sempre um risco. Mais seguro e menos trabalhoso é fingir que existe um amante e deixar o marido enciumado. Conheci uma mulher que descobriu que o marido tinha outra e começou a usar perfume masculino nas roupas íntimas. O cara pirou.

— Largou a outra e tentou reconquistar a esposa?

— Se separaram...

A maliciosa continuou:

— Fingir a existência de um amante não ajuda em nada a melhorar o relacionamento. Se o marido é infiel e você quer tentar salvar o seu casamento, tem que arranjar um amante de verdade.

— Enlouqueceu?

— De jeito nenhum. Se você tiver um amante acabará sendo mais paciente com o seu marido, aceitando melhor certas coisas, e isso só ocorre se você se sentir culpada. Quando o amante é fictício, o marido fica apenas com a parte ruim, perde a parte boa, que é ser paparicado porque está sendo traído. É injusto.

— Por esse raciocínio, bom humor e paciência demais são sinais de infidelidade.

— É mais ou menos por aí...

Uma risada geral encerrou a conversa. Ela, diante de tantas reações contraditórias, achou prudente sondar a amiga antes de lhe contar qualquer coisa. Aquilo a incomodava, mas até que estivesse segura da melhor opção, resolveu não dizer uma palavra a ninguém.

Encontraram-se no fim de semana numa festa de aniversário. A amiga, toda feliz, usava o tal vestido azul, que, explicou, tinha sido presente do marido. Ele, sorridente, acrescentou que não resistira ao vestido na vitrine do shopping porque era perfeito para a esposa.

Perplexa, ela ficou muda por alguns segundos, depois elogiou o bom gosto dele e emendou um assunto qualquer. Os dois estão casados ainda hoje e a tal jovem ela jamais soube quem era, nem teve a quem perguntar. Talvez até nunca tivesse existido, fosse apenas fruto de sua fértil imaginação.

PALAVRAS

Facínora, meliante, patusca, melindrada: por onde andam essas palavras?

Não faz tanto tempo assim, era possível encontrá-las circulando por aí. As páginas policiais eram repletas de meliantes homiziados e as moças se melindravam se algum rapaz que lhes fizesse a corte passasse dos limites.

Não faz tanto tempo assim, um filme dirigido por John Ford, cujo título original era "*The man who shot Liberty Valance*" foi lançado no Brasil como "O homem que matou o facínora". Na época, a palavra "facínora" pareceu aos tradutores mais esclarecedora que o nome *Liberty Valance*. Os tradutores continuam criativos como sempre, mas aposto que hoje em dia facínora estaria fora de cogitação.

Não faz tanto tempo assim, as rádios tocavam o bolero "Perfídia", do mexicano Alberto Dominguez. Quem atualmente usaria a palavra perfídia?

Azêmola. Já ouviram falar? Aposto que não, porém juro que numa antiga revistinha infantil da

Disney alguém disse: "Vossa Excelência é uma azêmola". Foi certamente uma brincadeira do autor, mas consulte o dicionário: azêmola está lá. Será que vai desaparecer das novas edições ou ficará para sempre registrada? E papazana, também permanecerá indefinidamente nos dicionários? E xirimbambada?

À medida que novas palavras vão nascendo, os dicionários acumulam outras que já não se usam ou se usam muito pouco: asinino, reposteiro, cinisga, enfarado, recôndito, azáfama, larápio. Muitas viveram dias de glória antes de cair no ostracismo. Outras nem isso: algumas já nasceram praticamente mortas, como a maioria das tentativas de substituir palavras importadas por similares nacionais.

Apesar dos louváveis esforços tupiniquins para evitar estrangeirismos, ninguém chama piquenique de "convescote". Para substituir *football* adotamos futebol. Ainda bem: a opção seria ludopédio. Uma frase do tipo "O ludâmbulo foi assistir a um jogo de ludopédio no Maracanã" não rola na vida real.

Ludâmbulo, para quem não sabe, é sinônimo de turista, a grafia brasileira para *tourist*. Será que já existe um equivalente nacional para *bullying*? Essa palavra é forte candidata a entrar no dicionário de português, talvez até escrita da mesma forma, a exemplo de "buffer", que já está lá, com dois efes e tudo.

As circunstâncias e os modismos vão moldando a língua viva. É o politicamente correto que substitui mentira por inverdade, a tecnologia globalizada que deleta em vez de apagar, uma gíria supimpa e irada que manda bem e acaba se tornando verbete de dicionário formal.

As palavras novas, como todos os jovens, acham que são eternas, mas não é bem assim. Muitas saem de cena rapidamente. Quem ainda usa o termo imexível, invencionice de um político, registrada no Houaiss desde 1990?

Quando uma palavra deixa de ser relevante ou coloquial, arrasta consigo um estilo de vida, mas logo se inventam outras para substituí-la e tudo se renova. A leitura de um dicionário pode também ser uma lição de história e sociologia.

E para quem ama as palavras, deixo aqui um amplexo e um ósculo.

COMO VAI SEU CASAMENTO?

Você quer saber como vai o seu casamento, ou lembrar há quanto tempo está casada? Conheço um teste infalível para isso: o teste da porta. Serve qualquer porta que vocês tenham que enfrentar juntos, mas não vale com porteiro ou similar. Se for porta com mola ou do tipo vai-e-vem, o teste é mais eficaz.

Quando você paquerava o seu atual marido, aposto que ele abria a porta e gentilmente deixava você entrar na frente.

Vocês começaram a namorar um pouco mais sério? Ele continuou abrindo a porta, mas passava primeiro, segurando a porta para você passar em seguida.

Casaram? Ele abre a porta, entra, espera você passar, ele fecha. Repare: ele abre, mas já não segura a porta. Se no seu caminho existirem portas vai-e-vem, comece a treinar a velocidade com que você passa por elas. Se não tomar cuidado, vai acabar levando uma portada na cara.

Dois anos depois? Ele abre a porta, entra, você passa, você fecha.

Cinco anos? Ele abre a porta e entra. Prepare-se. Você tem que ser rápida senão ele fecha a porta sem reparar que você ainda não entrou.

Dez anos? É você quem abre a porta para ele. Em seguida, você entra e fecha a porta.

Vinte anos ou mais? Você abre a porta, passa e fecha. Se ele for rápido ainda dá tempo de entrar. Se não, quebra o nariz. Merece.

Estresse

Abri a revista e encontrei um teste para medir o nível de estresse. Das sete perguntas, cravei "sim" em seis.

Fiquei tão estressada com esse resultado que nem consegui dormir. Concluí que ter estresse é muito estressante, e resolvi listar alguns dos possíveis motivos para eu ter chegado a esse ponto. Acompanhe.

— Chequei os meus e-mails três vezes nos últimos dez minutos, enquanto falava ao telefone e no chat online com um cara de Uberlândia e duas mulheres de São Paulo.

— Dirijo ouvindo noticiários repletos de avisos alarmantes de trânsito e, para me acalmar nos engarrafamentos diários, faço sudoku. Idem na fila do banco ou do supermercado: é melhor do que bater em alguém.

— O bombeiro que veio consertar a descarga do banheiro acabou quebrando o espelho. O vidraceiro que veio consertar o espelho fez um serviço de última e, ainda por cima, arrebentou a porta do armário. O marceneiro que prometeu vir hoje olhar a porta remarcou para depois de amanhã. E a descarga continua pingando.

— Resolvo assuntos do INSS, do plano de saúde, do Imposto de Renda, da marcação de consultas médicas, enquanto decido com a empregada o cardápio do jantar. E percebo que ela está ficando gripada e vai me deixar na mão.

— Ouço a tia reclamar da faxineira ao mesmo tempo em que o marido se queixa por eu não querer ir para a ginástica com ele.

— Aproveitar para buscar o sapato no conserto, comprar pão e pegar a roupa na tinturaria no caminho para o escritório é rotina.

— Consigo telefonar para a amiga convalescente em Florianópolis enquanto compro pela internet cinco ingressos para o cinema e decido que restaurante vou sugerir para depois da sessão.

— Quando acabar o telefonema da amiga convalescente, vou responder aos três recados da secretária eletrônica e organizar a estadia dos primos que vêm do interior para conhecer o Rio de Janeiro.

— E todo dia, embora nem sempre funcione, planejo ser feliz das nove às onze da noite, que ninguém é de ferro.

Por outro lado, justiça seja feita, estresse também pode ser útil. Serve como desculpa para tudo, de não levar o cachorro para passear até arrumar briga para se vingar de vizinho chato.

Faz tempo que você quer dizer o diabo ao seu marido e não encontra oportunidade? Tenha uma crise de estresse e mande ver. Depois peça desculpas e prometa que vai procurar um analista ou um psiquiatra. Pago pelo marido, é claro.

Não quer passar o fim de semana com os amigos do amigo do seu cunhado? Ameace uma crise de estresse. Ninguém vai insistir.

Vantagens à parte, estou preocupada porque não me lembro de quando nem onde abri a tal revista e fiz o teste de estresse. Estresse causa falta de memória e vários outros efeitos colaterais graves, dos quais, obviamente, não me lembro agora. Preciso dar um jeito nisso.

Por enquanto, na falta de coisa melhor, e como solução provisória, pendurei uma plaquinha na porta do quarto: "Cuidado! Cão feroz."

Assim o problema fica sendo de quem se arriscar a falar comigo. Fiz a minha parte: avisei.

Suruba

— Tira a perna da minha cara.

— Só se você tirar a mão da minha bunda.

— Para botar aonde? Na cintura dela?

— Não falem de mim na terceira pessoa. Estou aqui embaixo.

— Isso a gente já percebeu. Este pé aqui é seu ou da minha mulher?

— Depois de tanto tempo de casado, você nem é capaz de reconhecer o meu pé?

— Na posição em que a gente está, não dá pra reconhecer nem o meu. Vai ver que é o meu. Belisca aí pra ver o que acontece.

— Aiiiii!

— Ah, é da fulana.

— Eu não sou *fulana*, tenho nome. E foram vocês que me convidaram.

— É, mas a ideia de experimentar esta posição foi sua.

— Isso agora não interessa. Tem é que resolver.

— Concordo. Alguém aí tem uma mão livre?

— Serve dois dedos?

— Vai ter que servir. Dá pra pegar o telefone?

— Se a gente se mover um pouco pra direita, acho que dá.

— Então, vamos no três. Um... Dois... Três.

— Ufa. Peguei. E agora?

— Liga para os bombeiros. Diz que é urgente.

EM DEFESA DO PORTUGUÊS

Eu me recuso a entrar em *coiffeur*. O que há de errado com a palavra cabeleireiro? Tudo bem que *sushi* e *sashimi* não tenham tradução, mas *coiffeur*, é demais.

Sem chegar ao exagero de chamar *mouse* de rato, como nossos patrícios de além-mar, rejeito a subserviência linguística ao povo da vez. Já foram os franceses, agora são os americanos, amanhã talvez sejam os chineses. Ouvi dizer que em chinês "mãe" e "cavalo" são representados pelo mesmo fonema, só diferenciados pela entonação. Já pensou? Melhor começar agora mesmo a rebelião pró-nacionalismo.

Confundir mãe com cavalo é extremo, mas todo mundo tem histórias de mal-entendidos linguísticos para contar. Eu também já protagonizei algumas, mas prefiro as de gringos que tentaram falar português. Vingancinha...

Tem aquela do americano de quase dois metros de altura que precisou ir para São Paulo de ônibus-leito. Ele sabia que no ônibus algumas poltronas tinham um espaço frontal um pouco maior do que outras, tudo que ele precisava para acomodar suas *long legs* (oops!). Na hora de comprar a passagem, não teve dúvidas ao pedir no guichê da rodoviária "um leitão para São Paulo".

Outra de americano. Surpreso ao constatar que uma colega de trabalho, usualmente vista de calças compridas, estava naquele dia trajando uma saia, disse: "Você já viu a fulana sem calças?" A gargalhada foi geral. O americano passou o resto do dia pedindo desculpas.

Esta é de austríaco. O gringo tinha ouvido no rádio uma música muito alegre que falava de *cozinha* e queria comprar o disco a qualquer custo. Todo mundo tentou ajudar cantarolando as músicas que conhecia sobre o assunto, desde "água no feijão que chegou mais um" até "com açúcar, com afeto". Inútil. Um belo dia, ele estava almoçando com alguns amigos brasileiros, quando ouviu tocar no restaurante a tal música:

— É esta, é esta.

Era a Beth Carvalho cantando: "Ó, *coisinha* tão bonitinha do pai". Quem atira a primeira pedra, ainda mais agora que os chineses estão chegando?

Todas as línguas são cheias de armadilhas, e algumas parecem piadas prontas. Conheci um sujeito que foi estudar italiano e na primeira semana ouviu o professor dizer: *scarpa sinistra*. Diante de tão solene expressão, não se conformou com o fato de que significasse apenas "sapato esquerdo". Largou as aulas. Depois se arrependeu, ao constatar que em português também havia solenidades semelhantes. E citou uma: o *andaaar tééérreo*. Mas, a essa altura, já tinha perdido o ânimo de estudar italiano.

Outro brasileiro se esquivou de estudar alemão dizendo que não via interesse algum em uma língua em que sol é feminino, lua é masculino e mocinha é neutro.

A conversa está boa, mas vou ter que parar por aqui, porque está na hora do meu *personal hairdresser* chegar. Como será que se diz isso em chinês?

MEDICINA À BRASILEIRA

Passe no jornaleiro e peça *A cura pelo alho*. Se você odeia alho, tente a cura pela cebola, pela folha de mangueira, pelo espinafre, pela uva, qualquer coisa. Há sempre um livro que, se não for exatamente o que você procura, estará muito próximo.

Minha avó curava gripes com um preparado horrível. O gosto era tão ruim que, se me deixassem escolher, eu preferia a gripe. A avó de uma amiga tratava a mesma coisa com uma receita de mel e limão. Quando pegávamos gripe eu sempre queria trocar de avó com ela. O que mais me revoltava é que eu nunca ficava boa antes da minha amiga, nem vice-versa.

Aqui ninguém pode se gabar de ser imune à medicação caseira. Outro dia me aconselharam chá de hortelã para ficar com uma voz de fazer inveja à Maria Callas. A voz continua a mesma, mas estou fazendo xixi verde. Não me assusto: quando o meu xixi ficou roxo e corri para o médico, ele mandou parar o chá de beterraba e voltei ao normal. Só não consigo me lembrar para que servia o chá de beterraba.

A realidade é que todo brasileiro conhece um arsenal de mezinhas para as mais diversas perebas. Novidades, muitas vezes absurdas, se espalham rapidamente. Se alguém disser que sopa de asa de besouro é boa para enxaqueca, espinhela caída ou dor de estômago, o povo nem discute: corre para comprar o ingrediente na feira. E, breve, num jornaleiro perto de você, *A cura pela asa de besouro*.

Enquanto a asa de besouro estiver na moda, é provável que alguém descubra um índio velho cuja sabedoria desafia a ciência, e esse índio afirme que, além de todo o resto, o besouro da Amazônia serve também para tirar o mau-olhado e trazer sorte no casamento. Aguarde um pouco e você poderá comprar a edição especial de *A cura pela asa do besouro da Amazônia*.

Todo brasileiro tem um pouco de Rasputin ou de Maga Patalójika. Neste país há cura de tudo que é tipo para tudo que é mazela. Se a cura é verdadeira, ou se, ela mesma, causa novos problemas, é outra história: efeitos colaterais a gente trata depois.

MINHAS QUERIDAS ELEITORAS, MEUS PREZADOS ELEITORES

Sou um homem honrado. Um pai de família. Para mim, nada é mais importante do que a família.

A família é a célula mater da nossa sociedade. Valorizando a família, contribuímos para a construção de um país melhor, de um mundo mais justo e humano. Por isso, declaro solenemente que faço tudo o que está ao meu alcance para proteger a minha família.

Que chefe de família veria um filho seu desempregado e lhe negaria um emprego? Ou um cunhado em dificuldades, e não lhe estenderia a mão? Por isso, é com orgulho que assumo que empreguei todos os meus parentes. Vocês, prezados eleitores, se estivessem no meu lugar, não fariam o mesmo? Tenho certeza que sim.

Que tipo de homem seria eu, se abandonasse

meus filhos à própria sorte? Uma pessoa que não serve para ajudar nem os que lhe são próximos não é confiável para ajudar mais ninguém, muito menos para exercer um cargo público. Solidariedade começa em casa.

Não se deixem enganar, prezados eleitores, por políticos que batem no peito e se gabam de não dar emprego a seus familiares. Se já o fazem com quem lhes deveria ser mais caro, não hesitarão nem um segundo em sacrificar quem quer que seja para satisfazer suas ambições pessoais. Eu, não!

E aos inimigos, que porventura me censurarem, pergunto: se a inveja os impede de admitir que o sucesso da minha carreira política é consequência da minha retidão, por que não seguem os mesmos princípios?

Espero que vocês, queridas eleitoras e prezados eleitores, reconheçam a minha sinceridade e votem em mim. Se quiserem ser ainda mais generosos, votem também no meu pai para senador e no meu filho para deputado estadual. Não encontrarão candidatos mais transparentes.

Mãããães

De madrugada, toca o telefone:
— Mãe? Sou eu! Fui assaltado! (choramingo).
Outra voz, aparentemente arrancando o telefone das mãos do "filho":
— Olha aqui, dona, foi assalto não. É sequestro mesmo. Tô com uma arma apontada pra cabeça do seu filho. Quer falar com ele?
— Ih, moço, isso aí comigo não cola não, não tenho filho... — pausa pequena. — Só se for um afilhado que me chamava de mãe.
— Como é o nome dele?
— Leandro.
— É esse mesmo. Quer falar com ele?
— Nem pensar, esse cachorro quis me dar um golpe uma vez, nunca mais quero falar com ele na vida.
— Ah, mas agora que ele tá em perigo, o telefone que ele deu foi o seu. Deve confiar na senhora.
— Para você ver como são as coisas. Ele sabe que eu gostaria de ter um filho, então era um tal de

mãe pra lá, mãe pra cá. Eu até que gostava dele, mas sabe o que o ingrato fez? Armou pra cima de mim, disse que ia montar uma lanchonete e coisa e tal, eu fui dando dinheiro para a obra, era lá em Cordovil, eu moro em Copacabana, nunca fui ver. Ele trazia fotos para eu ver como estava ficando uma beleza.

— E aí, dona, não deu certo?

— Certo? Imagina!! Não havia lanchonete nenhuma, ele gastava o dinheiro todo na farra. Era o rei da balada, mulher assim correndo atrás, cheio da grana, então...

— E como foi que a senhora descobriu?

— Foi o vigia aqui do prédio, por acaso. Uma noite o Leandro veio pegar mais algum comigo e esqueceu os documentos aqui em casa. Como o vigia morava perto da tal lanchonete, pedi para ele passar de manhã na obra e entregar. Dei o endereço, o Leandro dizia que ficava lá o dia todo. Sabe o que aconteceu?

— Ele não achou o Leandro.

— Nem o Leandro nem a lanchonete. O endereço era de um prédio caindo aos pedaços, os vizinhos nunca tinham ouvido falar de lanchonete nenhuma, ninguém nem sabia quem era o dono.

— Safado, hein? A senhora fez o quê?

— Para começar, joguei os documentos dele na lixeira. Quando ele me ligou mais tarde e disse que vinha buscar, cuspi toda a verdade na cara dele.

— E aí???

— Ele ainda quis se justificar, o cretino, mas eu nunca mais atendi o telefone, e os porteiros têm ordem de não deixar ele subir de jeito nenhum. Comigo é assim: me enganou, é uma vez só.

— E a senhora não tem medo de vingança?

— Não. Como tenho um bocado de dinheiro e

não tenho filhos nem família para quem deixar, ele ainda tem esperança de que eu deixe tudo para ele. Pode esperar sentado.

— A senhora tem muito dinheiro?

— Não sou milionária, mas o meu falecido marido me deixou alguma coisa. Se eu achar uma pessoa que mereça, deixo tudo para ela. Se não pintar, deixo para uma instituição de caridade. E você, meu filho, que idade tem?

— Tenho vinte, tia.

— Que beleza, seus pais devem ter orgulho de você.

— Não conheci meu pai, ele morreu, mas minha mãe diz que era gente direita. Eu tenho mais quatro irmãos, do cara que vive com ela.

— E você mora com eles, assim tudo junto?

— Eu quase não paro lá, fico mais pela casa das minas ou perto do chefe.

— Por quê?

— Esse marido da minha mãe me batia, eu fugia, isso desde os oito anos. O chefe é legal pra mim. Por ele eu faço qualquer coisa, até matar.

— Ah, então você trabalha para esse seu chefe... Ele faz o quê?

— Ele faz de tudo, de tráfico a sequestro, é um mano safo. Eu trabalho pra ele, mas ele também cuida de mim, diz que sou quase um filho. Me dá do bom e do melhor. Precisa ver a arma que ele me deu. Sinistra.

— Acredito, mas você não sente falta da sua família?

— Só da minha mãe. Tem dia que eu choro, mas se eu chegar perto dela agora tenho medo de fazer alguma bobagem com aquele cara e aí ela e os meus irmãos é que vão sofrer. É que eu não tenho muita paciência, tia.

— Olha, eu não tenho filho, você praticamente não tem mãe, não quer vir me conhecer?

— A senhora quer me conhecer??

— Por que não? Somos dois carentes. Tenho certeza de que você precisa de carinho, quem sabe você não é o filho que eu gostaria de ter? Moro sozinha, a solidão é horrível. É em Copacabana, não quer vir até aqui agora?

— Agora??

— Por que não? Já estou acordada mesmo. Na minha idade, se acordo, não consigo mais pegar no sono. E você perde o que de vir até aqui? No máximo vai me achar uma velha chata.

— Sei não, tia...

— Teu chefe vai se importar?

— Não é isso, é que estou trabalhando, a senhora sabe... Tenho que fazer um ganho ainda hoje.

— Ah, é esse o problema? Não esquenta, tenho uns dois mil reais aqui em casa e posso também te dar uma das minhas joias, uma pequena de que eu não goste, porque as outras eu não dou, não. Você diz que foi o resultado do sequestro do Leandro.

— Não tem Leandro nenhum.

— Eu sei, mas você diz que eu acreditei e paguei. Você vem?

— Onde é mesmo?

— Copacabana. Anota o endereço.

— Tá. Daqui a uma hora, tia.

— Mas, olha, não quero arma aqui em casa.

— Tudo bem, a gente anda sempre em dois, vou de carro, deixo a arma com o companheiro e subo sozinho.

— Pelo amor de Deus, não me traga mais ninguém aqui em cima. Só você, entendeu? E desarmado, senão nem abro a porta.

Desliga o telefone e sacode o marido:

— Vicente, Vicente! Acorda!! Pegamos um, eu não te disse que aquele plano das minhas amigas era bom? Tudo ensaiadinho na ponta da língua. O cara está indo direto para a casa da Berenice, aquela viúva que mora perto da delegacia de Copacabana e conhece todo mundo lá. Liga correndo para o delegado de plantão e avisa. O número está na porta da geladeira. São dois, estão armados, no mínimo ele consegue um flagrante por porte de arma. Chegam lá em menos de uma hora, um vai ficar no carro, o outro vai tentar subir. Enquanto isso, vou ligar para a Berenice.

— Tem que ser maluco para topar um plano mirabolante desses. Essa Berenice deve ser doida varrida.

— Que nada, já está tudo combinado com a polícia. Escolhemos a Berenice porque o prédio dela é enorme e lá moram pelo menos umas oito viúvas sozinhas. E eu dei um nome falso e um número de apartamento ao acaso, enquanto o cara estiver se explicando com o porteiro da guarita, a polícia pega ele. Nós ficamos no maior anonimato, igualzinho aos super-heróis, a Berenice não vai correr risco nenhum. E, quer saber, ela está louca para sacudir a monotonia da vidinha dela. Agora, vai, vai! Não perde tempo! Temos que acabar com a bandidagem nesta cidade!

VENHAM A MIM AS FILIPETAS

Costumo recusar filipetas, mas confesso que me considero um pouco culpada em relação a isso. Sinto que os pobres-coitados que as distribuem só podem ir para casa depois de se livrar (honestamente) delas e não estou colaborando em nada para a sua alforria.

Certo dia, tendo que percorrer a pé um longo trecho da Avenida Rio Branco, pensei: *por que não ajudá-los, aceitando os inofensivos papeluchos?* Resolvi pegar todas, absolutamente todas as filipetas que cruzassem o meu caminho durante quinze minutos.

Até onde eu me lembrava, esse tipo de publicidade era muito usado na linha do "trago a pessoa amada em três dias". Se você também acha que ainda é por aí, vou atualizar sua cultura urbana: a primeira que recebi era de um estúdio de tatuagens, isto é, "*tattoos*", palavra considerada comercialmente mais chique — um vasto acervo de desenhos, experiência internacional, e, pasmem, só para mulheres. Imagine que lugares eles estão propondo tatuar.

Seguiram-se: depilação (a frio, a quente, a laser, a gás, unissex), sapateiro (troca na hora o salto quebrado), sebo de livros, banho e tosa, produtos naturais (guaraná natural em oferta esta semana), informática (venha conferir nossos "pressos"), conserto de roupas (*english spoken* — alguém me diga qual é a probabilidade de um gringo transitar pela Av. Rio Branco disposto a refazer a bainha da calça e capaz de deduzir que aquele anúncio em português está indicando o lugar certo para isso). Sem falar nos clássicos "compro ouro" e "dinheiro na hora".

Mas comida foi, disparado, o tema que dominou minha jornada pró-filipeta. Em menos de cem metros eu já tinha colecionado quatro restaurantes a quilo (dois com sobremesa grátis), uma lanchonete especializada em cachorros quentes (perdão, *hot dogs*), duas *yogurterias*, uma churrascaria (dez por cento de desconto apresentando a filipeta), uma loja de sucos e cinco *deliveries.*

Eu achava filipetas uma bobagem, mas agora estou convencida de que é possível fazer um retrato fiel da nossa sociedade através delas, e também de que madames que prometem trazer de volta a pessoa amada estão definitivamente fora de moda.

Experiência bem mais radical do que simplesmente aceitar todas as filipetas seria aceitar também todas a sugestões nelas contidas. Quem se arrisca? Mas não me convidem: tatuagem feminina, depilação a gás, iogurte, salto quebrado? Tô fora.

EU POR MIM MESMA

Gostaria de me ver fora de mim. Não no sentido figurado, como quem perdeu as estribeiras e ficou fora de si, nem no sentido esotérico de experiências extracorpóreas. Eu gostaria de saber que opinião formaria sobre mim mesma, assim como faço com as outras pessoas.

A gente rotula os outros de simpáticos, antipáticos, prestativos, pacientes, felizes, um monte de adjetivos. Gostamos ou não do fulano pelo conjunto de características que lhe atribuímos, conscientemente ou não. Mas não sei o que acharia de mim se me deparasse comigo. Como reagiria se fosse apresentada a mim mesma?

Talvez visse uma pessoa de quem não gostasse. Tenho alguns defeitos que tolero porque não tenho escolha (não contarei quais, porque entre eles não está a burrice, "e nem a modéstia", dirão vocês). Não tenho vontade de mudar de defeitos (epa, confessei um!). Será que os toleraria e poderia tornar-me amiga de mim mesma? Os meus poucos e bons amigos vão jurar que sim, mas não faço a menor ideia de qual seria a minha própria opinião. Quiçá acabasse dando razão aos que atualmente me criticam.

Talvez visse uma pessoa adorável. Tenho algumas qualidades que admiro porque não tenho escolha (não contarei quais para não contradizer ninguém, "humildade não é", dirão vocês). Seria uma prova de que os meus poucos e bons desafetos não sabem o que estão perdendo, e acrescentaria a soberba à minha lista de defeitos (epa, já não bastam os atuais?).

Que impressão nos causaria nossa presença física, o que nos diria a nossa linguagem corporal? Temos fotos, filmes, alguns até estátuas, mas falta o contato direto. Estamos condenados a nos vermos pelos olhos internos, nunca pelo olhar externo, encerrados que estamos irremediavelmente em nosso corpo e mente.

Claro que o desejo de me ver fora de mim não passa de um sonho. Mas é injusto só eu não saber quem sou. Ficou complicado? Deixa assim, há complicações piores.

HELMUT

Vivi por alguns meses na Alemanha sem falar alemão. Sei fazer algumas perguntas, o problema óbvio é entender as respostas. Por isso, sempre começo minhas conversas em alemão por: "*Do you speak English?*"

Muitas vezes dá certo. Deu certo com o Helmut, dentro de uma loja de departamentos. Pedi-lhe alguma informação trivial, ele ficou encantado com a oportunidade de ser útil e falar inglês. Seguiu-me pela loja toda, na esperança de que eu ainda precisasse dos seus serviços. Não só pela loja, mas também pela rua, por outras lojas e ruas, e se propôs a me acompanhar até em casa. Procurei livrar-me dele, mas após algumas tentativas malogradas, fui radical: disse que voltaria para o Brasil no dia seguinte, inventei um compromisso urgente para aquele minuto, entrei em um prédio de escritórios qualquer, esperei um bom tempo na portaria; certifiquei-me, rindo de mim mesma, de que ele tinha ido embora e esqueci o assunto.

Helmut era um senhor. Podia ser meu avô. Culto, educado, atencioso. Nas duas horas que passamos juntos, contou-me tudo sobre a sua vida. Estava aposentado, depois de uma carreira bem-sucedida. Viúvo, dois filhos dos quais se orgulhava, mas que estavam sempre muito ocupados. Solitário.

Eu morava em um desses hotéis antigos, onde ainda existiam jornais empalados por longas varas de madeira para impedir que fossem destruídos pelo manuseio ou levados debaixo do braço por algum usuário distraído. O restaurante do hotel tinha uma varanda agradável, com entrada independente pela rua. Pequena, fechada por vidros, com a luz natural trazendo para dentro a alegria do verão, era o local preferido por todos os hóspedes.

No dia seguinte, como de hábito, fui tomar o café da manhã no restaurante do hotel. Assim que entrei, a atendente me seguiu com os pães de que eu gostava. Dei dois passos decididos em direção à varanda e parei bruscamente. Helmut! Péssima observadora, só constatei tarde demais que ele ia tomar café no meu hotel quase todos os dias. Helmut não me viu. Estava atracado a um daqueles jornais, entretido demais para olhar em volta. E eu já devia estar no Brasil, era capaz de ele pensar que estava tendo uma alucinação. Melhor uma alucinação do que uma desilusão. Talvez nem se lembrasse mais de mim; contudo, preferi não arriscar.

Dei uma desculpa sem sentido à atendente, que sorriu em alemão sem entender nada, e me seguiu com os pães até uma mesa no interior do restaurante, a mais escondida de todas.

Passei o restante da temporada tomando café naquela mesa triste, longe do sol da varanda, e longe, principalmente, do Helmut. Se alguma vez ele me notou, não sei dizer, mas a hora do café da manhã virou um momento de tensão.

Essa trapalhada que eu arrumei por sobrevivência me envergonhava, e me fazia refletir todos os dias. O encontro com Helmut, que deveria ter sido um acontecimento descartável, ficou marcado para sempre na minha memória. Mas Helmut não estava interessado em ser inesquecível, para ele bastaria um pouco de calor humano. Coitado.

Poderia ter sido bem diferente, se ele não demonstrasse tanta carência. Quando uma pessoa quer muito uma coisa, a outra nega, estranha natureza humana. Porém, o que me assustou em toda essa história foi perceber que dentro de cada um de nós há um Helmut em potencial. Coitados.

Simples

Confesso que tenho inveja, não muita, de gente simples. A razão? Achar que gente simples sofre menos. É provável que isso não seja verdade, mas tenho certeza de que têm muito menos dúvidas sobre tudo, o que já é meio caminho andado para a felicidade, ainda que seja uma felicidade proveniente da ausência de questionamento, o que absolutamente não me atrai. Além disso, simplicidade não garante bom caráter nem é sinônimo de ingenuidade.

Gente simples é mais fácil de satisfazer, e não me refiro a bens materiais. Conversando com uma pessoa simples e de muita fé, soube que todo ano ela fazia uma peregrinação à cidade do santo de sua devoção, e se algo a impedisse substituía a viagem por acompanhar descalça a procissão do tal santo. O relato a emocionou, e a emoção dela emocionou a quem a escutava. Aquilo era suficiente para encher sua vida de contentamento. Senti ciúme de sua fé, mas não muito; seguir procissões, com ou sem sapatos, não conseguiria me fazer nem um pouco feliz.

Por outro lado, já presenciei cenas de extremo desespero em pessoas simples, incapazes de conter seus sentimentos. Não raro, passado o momento difícil, voltam à vida normal sem grandes traumas. Enquanto isso, outras pessoas, de tanto analisar uma situação ruim em busca de saídas ou de argumentos que justifiquem a dor, acabam por perder a noção do bom senso e ficam presas em armadilhas psicológicas construídas por elas mesmas.

Não adianta preferir uma personalidade à outra. Não há escolha possível, ou a pessoa nasce simples ou não.

Se eu tivesse nascido simples, teria menos autocensura e me divertiria mais. Só a maturidade me permitiu fazer sem culpa algumas coisas ridículas, loucas ou inconsequentes. No entanto, como para tudo há um momento adequado, existem outras que nunca mais realizarei. Gastei tempo e esforço para conquistar uma liberdade que é dada como brinde às pessoas simples.

Se eu tivesse nascido simples, teria sonhado com o George Clooney, mesmo sabendo que era inatingível, e exigido menos dos homens reais.

Se eu tivesse nascido simples, nunca teria reconhecido, às vezes tarde demais, minha própria burrice e/ ou culpa por me enredar em certos relacionamentos. Permanecer para sempre a heroína de uma história de mocinhos e bandidos teria sido bem mais fácil.

Se eu tivesse nascido simples, faria menos cerimônia e teria brigado mais em família e com amigos, o que talvez tivesse evitado que alguns problemas se aprofundassem, até se tornarem de difícil solução ou impossíveis de resolver.

Se eu tivesse nascido simples, teria perseguido meus sonhos linearmente.

Se eu tivesse nascido simples, teria gasto menos energia com vários assuntos que me preocuparam. Demorei a aceitar que certas dificuldades se resolvem melhor quando não as colocamos no centro da vida.

Se eu tivesse nascido simples, não despertaria a animosidade de outros que também não nasceram simples. É como um jogo, a gente só se importa com quem conhece as regras, quem não conhece passa incólume. Às vezes eu preferia não ter que jogar esse jogo.

Se eu tivesse nascido simples não teria me identificado com uma crônica muito antiga do José Carlos Oliveira, da qual não me lembro em detalhes, mas onde ele se lamentava por não ter nascido simples e falava numa cristaleira de subúrbio repleta de louças que nunca eram usadas. A esse cronista maravilhoso, esta minha modesta homenagem.

Para bom entendedor, meia palavra não basta

— Vou me separar do Heitor. Chega.
    — Mas você é louca por ele!
— Era. Ou ainda sou, não sei bem.
— Jogar fora um relacionamento desses? Muita gente mataria por um cara que nem o Heitor.
— Vai nessa.
— Pintoso, elegante, bem de vida...
— E mudo. Tudo que eu falo arranca dele uma resposta de, no máximo, duas palavras monossilábicas. Depois de quinze anos, a gente se cansa de tentar adivinhar o que o outro está pensando.
— Mas você não reclama?
— O tempo todo. Inútil insistir. Cansei de falar sozinha. Se não me separar agora, vou acabar ficando igual a ele.
— Mas vocês são um casal que não briga.
— Claro, ele não abre a boca nem para brigar! Me acostumei a observar os seus menores gestos,

cada som, cada grunhido. Tenho certeza de que sou a maior especialista do mundo em *hums*, *ahs*, *grrs* e *grunfs*. A gota d'água aconteceu um mês atrás. Eu estava doida para ver um show do Roberto Carlos e pedi para ele comprar os ingressos. Interpretei como "sim" o resmungo que recebi como resposta, comprei vestido novo, montei uma produção completa e na véspera descobri que o "sim", na verdade, era "não".

— Aí você foi lá e comprou.

— Até tentei, mas os ingressos já estavam esgotados. Passamos uma semana sem nos falarmos, quer dizer, eu passei uma semana sem falar com ele. Desconfio até que ele achou ótimo.

— Quando vocês se conheceram ele não era assim? Por que você se casou?

— Burrice, inexperiência, paixão, tudo misturado. Quando a gente namorava ele falava pouco, mas depois do casamento só piorou.

— Mas você não está com medo de se arrepender? Afinal, nem tem certeza se deixou de gostar dele ou não.

— Acho que ainda existe amor, mas pensei muito e vou arriscar a separação. Talvez ele não fale porque não tem nada interessante para dizer. Preciso de diálogo! É triste terminar a vida fazendo as perguntas e dando as respostas. Já comuniquei ao Heitor que vou entrar com o pedido de divórcio na semana que vem.

— Aposto que ele ficou arrasado.

— Não tenho certeza. Sabe o que ele disse? *Grunnf.* Francamente!

Presente ou mico?

Existem cursos de quase tudo, de escultura em melancias a criação de bodes. Mas, que eu saiba, até agora ninguém se lembrou de oferecer um curso que ensine a presentear. O assunto é para ser levado a sério: é comum ganhar ou ofertar coisas que são estorvos. Se gostamos muito de quem nos presenteou, fica ainda mais complicado.

Uma amiga ganhou uma escultura de madeira que achou horrenda. Exclusiva, assinada pelo artista. Ela guarda no armário, mas quando a pessoa que a presenteou vai à sua casa, o presente é colocado na sala em posição de destaque. Claro que ela morre de medo de se esquecer. Haja estresse.

Certa ocasião, ganhei um livro de receitas. Emergências à parte, meu sonho é nunca ter que entrar numa cozinha. Justamente o contrário da pessoa que me deu o livro. Esse é o erro mais comum na hora de presentear: as pessoas dão aquilo que gostariam de receber.

Para resolver isso, bastaria seguir uma regra

básica: o presente deve agradar tanto a quem dá quanto a quem recebe. O problema é que nem sempre os dois lados têm gostos parecidos. Se houver conflito, é claro que deve prevalecer o gosto de quem recebe.

Na teoria parece simples, mas na prática é difícil. Você gosta de roupa básica, sua amiga odeia e é louca por estampados. A probabilidade de você acertar na escolha de um estampado é pequena, mas não custa tentar. Facilite a vida de sua amiga preferindo algo com preço um pouco acima da média da loja: em caso de troca, ela terá maior poder de barganha. Porque esse é outro problema: você ganha um presente que custa um certo valor e acaba gastando o dobro quando precisa trocar — em geral numa loja onde nunca conseguiu comprar nada e, sinceramente, preferia que continuasse assim.

Às vezes a troca é impossível. Guarde, vai servir para alguém. Talvez a pessoa que deu já tenha recebido de outra: chamo isso de "presente rotativo". O perigo é que a coisa rode tanto que acabe voltando ao ponto inicial (tomara que não seja você). Se pretende repassar alguma coisa, sugiro anotar o nome de quem a deu e estabelecer um prazo de validade. Não achando dono para o presente dentro desse limite de tempo, desocupe o espaço fazendo uma boa ação: doe para um bazar de caridade.

O valor do presente é importante. Nem de mais, nem de menos. Se alguém presentear você com uma joia de ouro, no aniversário dessa pessoa fica difícil retribuir com uma bijuteria de vinte reais — evidente que esta observação só faz sentido entre pessoas honestas, esqueça os oportunistas e os políticos.

É claro que há exceções. Você pode dar um carro ao seu filho ou um diamante à sua esposa (espero que o meu marido esteja lendo isto), ambos vão adorar e não ficarão nem um pouco preocupados com a retribuição.

Se um presente não deve abalar a finanças de ninguém, também não pode ser desprezível. Mas, quando a condição econômica dos dois lados é bastante desequilibrada, talvez uma pequena flor agrade tanto quanto um vestido caríssimo. Afinal, para quem já tem muito de tudo, incluindo dinheiro, o carinho deve ser o mais importante. Eu não digo que é difícil? Cadê o tal curso?

As empresas também enfrentam dificuldades com presentes. O cara se aposenta, ganha uma placa que só serve para lembrar que ele deixou de ser útil. Essa, nem para o bazar de caridade.

O mundo está cheio de equívocos nessa linha. Principalmente o mundo masculino, porque escolher presente para homem é mais difícil. Por conta do desespero das pessoas que tentam fugir dos clichês, eles recebem todo tipo de inutilidade. Exemplo? Acessórios de cozinha ou de bar, que muitas vezes nem saem das embalagens.

Acho que aulas sobre presentes masculinos só vão fazer sucesso entre as mulheres, porque homem não perde tempo com presente para outro homem: dá logo uma garrafa de vinho ou de uísque ou não dá nada. No entanto, alguns talvez se interessem pelo assunto para aprender a sugerir presentes para si mesmos (espero que meu marido não esteja lendo isto).

Enquanto o curso não vem, a única maneira de aprender é na prática. Presenteie. É um dos prazeres da vida, não dá para dispensar, mesmo errando aqui ou ali.

Seja o que Deus quiser!

De vez em quando recebo e-mails com dicas de como evitar envelhecer. Achei uma boa (ótima!) ideia seguir esses conselhos, mais econômico do que cirurgia plástica e nada a perder.

Comecei pela recomendação de treinar o cérebro, mudando a rotina sempre que possível. Mais ou menos assim: se você escova os dentes com a mão direita, tente fazê-lo com a esquerda. É claro que os dentes não ficam bem escovados, talvez você gaste no dentista o que economizar com a plástica. Mas se esse é o preço da juventude eterna, que seja.

Pior foi com as chaves: sempre as coloquei no mesmo local, mas resolvi variar. Claro que esqueci onde estavam. Achei-as, depois de algum estresse, na gaveta do banheiro junto com os sabonetes. É ou não é um lugar diferente para guardar chaves? Parabenizei a mim mesma por essa solução criativa.

Infelizmente, não tive a mesma sorte trocando o lugar onde costumo guardar o dinheiro das despesas da casa. Até agora não encontrei os duzentos reais que saquei do banco na segunda-feira, mas tenho certeza de que vou encontrá-los assim que recuperar a calma. No banheiro tenho certeza de que não estão, porque esquadrinhei o local palmo a palmo enquanto procurava as chaves. Olhando pelo lado positivo: aproveitei para faxinar e arrumar o armário do banheiro. Ficou um espetáculo. No próximo sábado farei o mesmo com a despensa da cozinha. Se os duzentos reais não estiverem lá, vou tentar o armário de roupas de cama. Posso não ficar mais jovem, mas a casa fica arrumada.

Outro e-mail me aconselhou a jogar fora todos os números inúteis da minha vida. Comecei pela idade, é claro. Até que fui ao cinema e me cobraram inteira. Inútil, coisa nenhuma. Peguei de volta os meus sessenta anos e todos os outros números, incluindo o da minha conta bancária. É pequena, mas não dá para viver sem ela. Esse conselho não funciona.

Nova tentativa: manter-me atualizada e conviver com jovens. Produzi-me toda e fui a uma balada da moda. Todo mundo só me chamava de "tia", e o golpe de misericórdia foi quando arranjaram uma cadeira para eu sentar. Foi ridículo e, ainda por cima, odiei a tal balada. Um saco. Assumo que gosto mesmo é do balé do Theatro Municipal, de preferência com música do século retrasado.

Alimentação natural radical? Pode rejuvenescer, mas me deixa muito infeliz. Cheguei a ter pesadelos, sonhei que me afogava numa sopa de bertalha.

Exercícios para a memória também não servem. Chatíssimos. Além do mais, não estou certa de que desejo uma boa memória. Pelo contrário: em muitos casos esquecer pode ser melhor do que lembrar.

Por falar em memória: eu já disse que tentei um médico ortomolecular? Era tanta pílula que se eu colocasse tudo numa mala e fosse viajar, talvez recebesse voz de prisão por contrabando de drogas. Não achei razoável. Voltei a tomar uma vitamina basiquinha de manhã e estou me sentindo ótima.

Ainda não penso em soluções radicais como me mudar para um lugar que valorize o velho. No Japão, por exemplo, dizem que é assim. Esquece. Aqui, pelo menos eu falo bem a língua e sei quem são os bons médicos. Geriatras, inclusive.

Querem saber? Cansei. Alguém me diga que vantagem há em correr atrás de uma falsa juventude. A gente fica nessa ilusão e se esquece de que tem direito a viver a velhice em paz. E se eu ficar gagá, o problema passa a ser dos outros, da família, dos amigos, do governo, sei lá. Se você me conhece pessoalmente e não quer assumir o risco, a hora de brigar comigo é essa. Depois não diga que eu não avisei.

Estatísticas capilares

— Cansei desse negócio de ser escrava de escova e secador. Corta o meu cabelo bem curtinho.

— *Darling*, pense bem. Decisões importantes não podem ser tomadas assim, por impulso.

— ??!

— 65% dos homens preferem mulheres de cabelos compridos.

— Ótimo. Ainda sobra 35% do mercado para os cabelos curtos. Corta.

— Se a pesquisa for entre homens de 20 a 35 anos, o percentual dos que preferem mulheres de longos cabelos sobe para 80%.

— Na minha idade, a chance de arranjar um namorado jovem assim é zero. Corta.

— Acima de 55 anos, o comprimento dos cabelos é indiferente para 60% dos homens, mas os milionários tendem a se comportar como jovens: 70% deles preferem cabelos compridos.

— Você deve estar brincando.

— Claro que não, *querida*. Num salão *fashion* como este, temos que oferecer um *plus* à clientela. É importante saber se você está a fim de um pretendente mais jovem ou mais velho, se você quer fisgar um cara de recursos ou se um sujeito remediado e de meia-idade já está de bom tamanho.

— Remediado e de meia-idade basta o meu ex! Ok... dá só uma aparadinha.

— E que tal fazer uma mudança nessa cor? Menos de 20% dos homens com QI acima de 150 preferem as louras.

— Deixa louro mesmo. Homem inteligente dá muito trabalho.

— Morenas com reflexos castanho-claros ou louros são a preferência de 72% em todas as faixas de idade, renda e QI.

— Ok. Pinta, apara, faz escova.

Sapatos de *PERLET*

Não sou de chorar pelo passado. Costumo dizer que, como ainda não morri, meu tempo é agora. Porém, ao longo da vida, a gente acumula uma série de histórias que em geral não interessam a mais ninguém, nem tem serventia na chamada "vida prática". A não ser que você resolva — deliberadamente, é claro — contá-las em detalhes para se livrar de algum chato.

No entanto, tais informações podem vir a ser úteis para os nossos biógrafos, e por isso aconselho colocá-las no papel antes que você as esqueça e seja tarde demais.

Por que vocês estão rindo? Acham que não merecemos biógrafos? E todos aqueles professores universitários que precisarão fazer pesquisa para sobreviver? Vai haver tanta gente estudiosa no mundo que a falta de temas para investigação científica se tornará um problema. Nos Estados Unidos já se encontram muitos brasilianistas, perdão, *Brazilianists*. É até possível que algum deles esteja, agora mesmo, dando palestras para esclarecer que não falamos espanhol e que a música típica do Paraná não é a rumba. Quem pode garantir que a única coisa que escapará de um cataclismo mundial não será uma coletânea de crônicas a partir da qual os especialistas conseguirão reconstituir a vida no século XXI?

Se deixarmos informações demais, retiraremos dos futuros biógrafos toda a graça de remontar o quebra-cabeças de nossa cultura, mas é bom fornecer algumas dicas aqui e ali para incentivá-los, e minimizar os riscos de que eles concluam que falamos espanhol e dançamos rumba todos os dias.

Por que eu estava falando nisso, mesmo? Ah, sim, sapatos de *perlet*.

Num passado não muito distante, meninas se vestiam de forma bem diferente de hoje. Não existia esse negócio de criança usar salto alto nem imitar roupa de adulto (também não existia esse negócio de adulto se fantasiar de adolescente). Era sapato baixo, saia franzida, cores primaveris, laços de fita no vestido e no cabelo.

A autonomia para escolher seus próprios modelitos começava, timidamente, na adolescência, e só se completava na maioridade. Quando eu estava prestes a completar quinze anos, minha família foi convidada para uma festa de bodas de ouro, com direito a missa, discurso e jantar sentado. Era uma ocasião especial e, por causa disso, fui autorizada a usar meu primeiro salto alto, ridículo de tão minúsculo, nada além de dois ou três centímetros. Mais ou menos como os que uso agora, por razões completamente diferentes.

A permissão foi também concedida a algumas amigas que iam àquela festa, e o assunto ocupou nossas conversas e planos durante os dois meses que antecederam a grande noite. A expectativa da festa não era nada, comparada à ideia de usar saltos altos. Discutimos exaustivamente a forma de calçá-los, como caminhar, como cruzar as pernas de forma que todos vissem os nossos maravilhosos sapatos. Diante do espelho, treinamos andar nas pontas dos pés, com medo de perder o equilíbrio e estragar a pose. Imaginávamo-nos entrando na festa como rainhas, descendo escadas majestáticas, todos os olhares concentrados em nós. Fizemos reuniões e concursos para eleger quem se saía melhor com o novo acessório. Estávamos felizes, porque já nos víamos deixando para trás e para sempre os calçados infantis. Os vestidos continuavam rodados e cheios de laços, era querer demais que nos deixassem usar cores escuras ou saias justas, mas pouco importava, porque iríamos conquistar o mundo com nossos pés.

A moda da época eram sapatos de *perlet*, um tipo de couro nacarado em tons de branco, bege ou gelo. Deslumbrantes, na nossa avaliação. Acho que *perlet* vem do francês *perle*, e significa perolado. Eu e minhas amigas somos unânimes: apesar da variedade e quantidade de sapatos que possuímos atualmente, nenhum consegue desencadear em nós as mesmas sensações, que continuam sendo vivenciadas por todas as adolescentes na nossa cultura ou em qualquer outra. Cada geração tem seus sapatos de *perlet*.

Se hoje em dia dificilmente alguém sabe o que é *perlet*, imaginem daqui a alguns séculos... Então me digam: esta é ou não é uma coisa sobre a qual se deva escrever antes que a gente esqueça? Os biógrafos nos agradecerão.

O CELULAR DA MARGARETE

Ontem, quando voltava do trabalho, Margarete comprou por cem reais na Central do Brasil um celular moderno. Recebera o salário, parou no camelô para ver umas bugigangas e ele lhe ofereceu o telefone. Fazia tempo que ela queria ter um daqueles e não resistiu à tentação.

Hoje, como de costume, Margarete veio trabalhar. É empregada de uma terceirizada de limpeza no hospital e, a julgar pela sua popularidade por aqui, frequentemente lhe cabe a tarefa de varrer e limpar parte do CTI. O espaço é grande, requer manutenção constante, ela vai ficar o dia inteiro.

Margarete chegou orgulhosa com o novo brinquedo. Mostrou ao primeiro que encontrou, disse quanto pagara, perguntou se tinha feito um bom negócio. Era óbvio para a pessoa consultada que um aparelho daqueles não poderia custar apenas cem reais. Só havia duas explicações lógicas: ou não funcionava ou era mercadoria roubada. Funcionava. Como expressar a segunda opinião sem desgostar a criatura?

— Margarete, você conhece o cara que lhe vendeu isso?

Claro que ela própria desconfiava de que havia interceptado um roubo, mas o desejo satisfeito encobria a certeza. No fundo existia o medo de ser apanhada pela polícia, queria respaldo de gente mais esclarecida. Se a absolvessem, certamente as autoridades pensariam da mesma forma. Estaria salva.

Para cada profissional que chegava ela reproduzia a história, fazia as mesmas perguntas, escutava ansiosa as respostas. O CTI tinha um movimento enorme, não se passava um minuto sem que entrasse uma pessoa diferente, e Margarete, que aparentemente conhecia todo mundo, ia lá interceptar o indivíduo e repetir a lenga-lenga.

Como visivelmente ninguém estava disposto a magoá-la, Margarete só recebia respostas evasivas e, assim sendo, não conseguia alforriar-se da culpa que sentia.

Alguns, menos espertos, ainda tentaram ser sinceros e contar-lhe uma verdade que ela conhecia melhor do que eles. Tarefa impossível. Quando a conversa tomava esse rumo ela perguntava de novo se não achavam que tinha feito um bom negócio, logo ela que ganhava tão pouco, que sorte! Em seguida pedia conselhos. Se você estivesse no meu lugar, teria feito o mesmo? Sou pobre, concorda que fiz bem em comprar? Será que apareceria outra oportunidade na minha vida de realizar esse sonho? Você acha que eu devo devolver e pegar o dinheiro de volta? Mas se eu quiser devolver, como vou achar o rapaz que me vendeu? Há sempre muita gente e montes de ambulantes por lá, eu nem me lembro direito da cara dele. E alisava o celular como se fosse uma joia preciosa, desarmando a pessoa com seu sorriso astuto de inocente.

Um CTI não é feito só de pessoas que entram

e saem, há também uma equipe fixa. A conversa da Margarete durou a manhã inteira, e os funcionários que estavam de plantão perceberam que aquilo não acabaria até que se resolvesse o problema de consciência da Margarete, para o bem ou para o mal. Como ninguém aguentava mais o assunto, houve uma pequena discussão entre eles sobre o melhor método de mostrar claramente a verdade a Margarete sem ofendê-la e colocar um ponto final naquela história. De repente, alguém exclamou:

— Gente, ela está feliz, nada do que dissermos vai mudar os fatos. Deixa quieto, preciso trabalhar!

E, virando-se para a Margarete em outro canto da sala, falou alto:

— Você gostou do celular, Margarete? É isso que importa. Deixe para lá a opinião dos outros. Curta o telefone e esqueça o resto. Você realizou um sonho, não há nada de errado nisso.

Era tudo que ela queria ouvir. Fingiu acreditar em si mesma e a vida continuou.

Bendito bom senso. Os funcionários respiraram aliviados, sem suspeitar que eu ainda mais do que eles. Praticamente imobilizada no meu leito, sem outra ocupação que não fosse vigiar os drenos e as suturas, avistando apenas a ilha de enfermagem e os pés da senhora inconsciente ao lado, e escutando toda a conversa ao meu redor, já tinha perdido a conta de quantas vezes ouvira a Margarete reproduzir sua história. Não é justo acrescentar tortura psicológica a esta situação, já me basta estar aqui deste jeito.

Uma tarde

Moravam todos no mesmo bairro, numa época em que no Rio não havia tantos problemas e os cariocas faziam mais piadas sobre eles mesmos. Não se viam há mais de trinta anos, alguns há mais de quarenta, quando um deles resolveu reunir a turma. Não toda, só uma meia dúzia, afinal, por onde andariam os outros?

É estranho, depois de tanto tempo, rever uma pessoa de quem se conserva a imagem de adolescente. A mesma estranheza que o outro experimenta, todos tão mudados, alguns irreconhecíveis, a não ser talvez pelo tom da voz ou pelo jeito de mexer a cabeça.

Primeiro conversaram sobre o que cada um havia feito profissionalmente. A maioria tinha seguido a carreira prevista, dois ou três moraram fora do país, lugares diversos, experiências interessantes. Surgiram perguntas, satisfizeram-se algumas curiosidades.

Um pediu um pouco mais de vinho ao anfitrião,

outro se levantou devagar e foi até à mesa beliscar um tira-gosto.

Sem pressa, rememoraram detalhes do passado em comum, certificando-se de que todos tinham direito a estar ali. Ninguém havia se transformado em intruso.

Pequeno silêncio para saborear a sensação de pertencer àquele grupo. O prazer de estarem juntos não necessitava de palavras, pelo contrário. Nada precisou ser dito para que compreendessem que, de certo modo, estavam voltando para casa e a casa eram eles.

Um trocou de lugar, outro ajudou a dona da casa a trazer mais copos para a sala.

A transformação urbana do antigo bairro em que haviam se conhecido permeou a conversa. Sem saudosismo. A vida agora também era boa, quem sabe até melhor.

Um se acomodou melhor na poltrona, outro sorriu sem motivo aparente.

Descreveram fatos acontecidos, pediram notícias de conhecidos ausentes, riram de algumas bobagens feitas ou presenciadas. Alguém comentou que antigamente tudo era motivo para marchinha de carnaval, porque o politicamente correto ainda não tinha sido inventado e a sátira corria solta.

Um reclamou da violência na cidade, outro dos preços no supermercado.

Lentamente, vieram novos assuntos, muitos assuntos, vários pequenos silêncios, no ar o gozo do reencontro. Eram agora pessoas diferentes, não mais os jovens de outrora, mas ainda tão iguais a si mesmos nos defeitos e qualidades!

Um revisitou o tema do bairro, outro rondou com calma a mesa cheia de beliscos.

No momento, o que lhes importava era que, mesmo que nunca mais voltassem a se encontrar, parte de suas vidas estava ali, intacta, naquela sensação de encantamento.

A juventude nunca sai de nós, mas poder reconhecê-la através dos outros é um privilégio. Eles sabiam. E se sentiam felizes.

GAFES

Ele foi apresentado pela anfitriã ao casal de uma certa idade. Quis ser simpático quando se dirigiu ao senhor:

— Prazer, sua esposa é muito bonita.

— Minha mãe.

Inverta os papéis, mude o cenário. Essa é uma gafe clássica. Um dos envolvidos pode até se sentir elogiado quanto a parecer mais jovem, mas nunca o suficiente para compensar a desilusão do que sentiu caquético. Se você queria começar uma amizade, esqueça.

Esqueça igualmente aquela conhecida que engordou demais e você perguntou para quando era o bebê.

Há também o lance do menino quando começa a mudar o tom de voz. Você telefona, ele atende, você diz:

— Fulana?

— Não, é o filho dela! Quem quer falar?

Enquanto pronuncia "quem quer falar" é provável que esteja mentalmente acrescentando "para que eu saiba a quem odiar para sempre". Não se preocupe, nessa idade "para sempre" não significa grande coisa, e a seu favor está o fato de que você provavelmente tem mais de vinte anos e, portanto, do ponto de vista de um adolescente, nem existe. O problema é o garoto vir a precisar de terapia.

De qualquer maneira, pelo sim, pelo não, se há risco de cair nessa arapuca, melhor dizer, seja qual for a voz que atenda ao telefone:

— Dona Fulana está?

A Fulana, sua amiga de infância, pode até reclamar de você não reconhecer mais a voz dela, mas o dano é pequeno e, se necessário, fácil de justificar.

Confundir nomes é outra complicação. Um rapaz conheceu uma senhora alemã, chamava-se Gerda, coisa comum por aqueles lados onde ela nasceu. Tempos depois, encontraram-se na rua e o rapaz cumprimentou-a educadamente:

— Como vai, Dona Gosta?

— Meu nome não é *Gosta*, é *Gerda*.

É impossível consertar uma gafe dessas.

De forma menos pesada, a gafe causada por associação de nomes é frequente e gera situações engraçadas. Existe um vinho português chamado Assobio, por sinal muito bom. Indagado sobre se havia esse vinho no restaurante, o garçom pediu ajuda ao *sommelier*:

— Fulano, nós temos o vinho *Apito* para vender?

Trocar nomes é fonte inesgotável de gafes, até Roberto Carlos recomenda ("não vá dizer meu nome à pessoa errada").

Uma viúva tinha dois namorados rotativos. Animada, cheia de energia, se um deles tivesse dor no joelho ou estivesse indisposto para ir ao teatro, sempre havia o outro a quem recorrer. Inteligente, nunca os tratava pelo nome, só por "meu querido". Era um tal de *meu querido* para lá, *meu querido* para cá, nunca se sabia ao certo a quem se referia o relato e todos viviam felizes para sempre.

Festas ou eventos em que há muitos conhecidos, e outros tantos desconhecidos, podem virar palco de gafes monumentais. Você reclama do seu trabalho com alguém que lhe é apresentado na hora. Conversa mais um pouco e descobre que o cara é vizinho, e muito amigo, do irmão do seu chefe. Prepare-se para encrenca.

Esquecer nomes, pedir notícias de quem já morreu, recontar uma história justamente à pessoa que lhe contou são gafes antigas que vão sendo mantidas, com as devidas adaptações, nas novas mídias. O planeta está cheio de gente mandando torpedos comprometedores para o destinatário errado.

No atual estágio da tecnologia, nem precisamos nos dar ao trabalho de cometer gafes pessoalmente. Com a conivência da nossa falta de atenção, os processadores de texto e os corretores automáticos estão fazendo isso por nós. O cara quis escrever "maluco", mas digitou "baluco". O corretor trocou "baluco" por "balaço" e a mensagem se transformou em "Só um *balaço* resolve".

O autor de um romance, depois de tudo pronto e revisado, resolveu trocar o nome do protagonista de Romeu para Marcelo. A mudança, simples, foi feita com um único comando no editor de textos. Depois do livro impresso, havia um capítulo em que alguém ia ao cinema assistir ao filme "Marcelo e Julieta". Tarde demais.

O repertório de gafes é infindável.

DIA DE DESAGRAVO

Acordou com o toque do telefone. Sábado, antes das oito da manhã, devia ser engano ou urgência. Atendeu:

— Alô...

— Paulo, sinto muito. Você está precisando de alguma coisa? Se quiser vou para aí agora mesmo, ajudo no que for necessário.

Reconheceu a voz do amigo de infância. Ainda ensonado, custou a entender o que ele dizia.

— Como assim? Aconteceu alguma coisa com você?

— Comigo, não, Paulo, com a sua esposa. Acabei de ler no jornal o anúncio que você mandou publicar.

— Que anúncio?

— Paulo, você tomou algum remédio para dormir? Ouvi dizer que certos calmantes fortes provocam amnésia temporária.

— Cara, não estou entendendo nada. Não sei de anúncio nenhum e está tudo bem com a Adelaide.

— Mas o anúncio... A Adelaide está aí?

— A Adelaide foi passar uns dias com uma amiga em Cabo Frio, volta segunda-feira.

— Olha, Paulo, não saia de casa, já estou indo para aí.

Acho que esse cara enlouqueceu — pensou Paulo. *Não vou deixar nenhum maluco estragar meu fim de semana, afinal, não é todo dia que a gente tem oportunidade de dar uma escapadinha. Melhor dormir um pouco mais para estar em forma para a noitada.*

Mal fechou os olhos, o telefone tocou novamente. Atendeu de má vontade, já pensando em despachar de vez o amigo surtado. Era outro amigo:

— Puxa, Paulo, sinto muito o que aconteceu com a Adelaide. Estou ligando para saber como posso ajudar.

Começou a ficar preocupado. Um maluco ainda vai, mas dois? É muita coincidência.

— Acabei de ler o anúncio no jornal.

— Como assim?

— O anúncio que você mandou colocar hoje. Que coisa, hein?

— Lê aí para mim o anúncio, ainda não peguei o jornal.

— "Paulo Henrique Alves de Souto cumpre o doloroso de dever de informar o repentino falecimento de sua amantíssima esposa, Adelaide Margarida Burlamaqui de Souto, ocorrido ontem em Paris, França. O sepultamento terá lugar no Rio de Janeiro, para onde será transferido o corpo após o cumprimento das formalidades necessárias".

— França? Deve haver algum engano, a Adelaide está passando o fim de semana em Cabo Frio com uma amiga.

— Paulo, você está confuso, deve ser o choque. A Adelaide foi para Paris na quinta-feira, ela pediu para minha esposa levá-la ao aeroporto porque você ia trabalhar até tarde e não podia. Você não se lembra de nada? Quem avisou da morte? O consulado brasileiro?

— Cara, eu não bebi, não enlouqueci, a Adelaide volta segunda-feira, esse anúncio deve ser de algum homônimo.

— Adelaide Margarida, Paris, marido Paulo Henrique Alves de Souto? Gostaria que você tivesse razão, mas não é homônimo além da conta?

Paulo encerrou a conversa, ligou para a Adelaide. Atendeu a caixa postal, deixou recado. Ligou para a suposta amiga de Cabo Frio, o número não existia. Ultimamente não tinha se preocupado muito com a mulher, e achou ótimo quando Adelaide lhe perguntou se ele se incomodava que ela passasse uns dias na casa de uma amiga que a tinha convidado. Ele andava enrabichado por uma colega de trabalho, era uma oportunidade que aproveitaria ao máximo. A outra era muito atraente e Paulo ia mantendo o relacionamento com a promessa de se divorciar da mulher. Um fim de semana romântico serviria para mostrar firmeza, embora não tivesse a menor intenção de deixar a esposa. No fundo, amava a Adelaide, mas, sabe como é, a carne é fraca.

O sábado inteiro foi a mesma conversa, todo mundo querendo consolá-lo da grande perda e ele desesperado, tentando localizar a Adelaide. O pior foi quando recebeu o telefonema da amante:

— Querido, a vida é cheia de surpresas. Às vezes o acaso resolve os nossos problemas. Você tão preocupado em se divorciar sem magoar a sua mulher e agora... Aguente firme, meu amor, logo poderemos estar juntos oficialmente.

Paulo teve vontade de mandá-la calar a boca, apregoar que ela não chegava nem aos pés da esposa, mas se conteve a tempo.

Em Paris, Adelaide já tinha lido o anúncio que mandara publicar sobre a sua morte repentina. Adoraria ver a cara do Paulo naquele momento. Quem ele pensava que era? Arranjou uma amante chinfrim e ainda teve o descaramento de acreditar que sairia incólume? Ela não era burra. Talvez o perdoasse, afinal de contas ainda se amavam, mas Paulo precisava de uma lição. Voltaria ao Brasil em uma semana, até lá decidiria o que fazer. Pediu outra taça de champanhe e sorriu sozinha.

ENOLOGIA

Esqueçam os romancistas russos, os cineastas de ficção científica, os visionários do apocalipse. A categoria de pessoas que mais me impressiona pela imaginação descritiva é a dos apreciadores de vinho.

Ouvi num programa de rádio o comentarista-enólogo chamar um vinho (não me pergunte qual!) de "potente, elegante, estruturado, untuoso, equilibrado, redondo (sic)", além de outros adjetivos que não fui capaz de guardar na memória. É um tal de falar de frutas, flores, aromas, consistências, cores, madeiras...

Vinhos são classificados pela cor, textura e acidez, critérios que eu, mesmo leigo, acabo ouvindo por aí. E a quantidade de vinícolas? Tudo num *chateau* perto de você, ou numa quinta perdida na fronteira entre Portugal e Espanha. A variedade de uvas, sem contar as combinações entre as diversas qualidades — perdão, *castas* — é enorme.

Há todo um vocabulário especial para atender aos amantes do vinho. Parei de contar as *castas* quando cheguei a quarenta. *Casta* ou *cepa*, não sei se há diferença ou se são sinônimos.

Se tivesse lido algum livro sobre o assunto (a oferta de literatura sobre vinhos é assombrosa), eu teria perdido a inocência e não estaria aqui escrevendo estas besteiras. Talvez um dia até precise me ajoelhar no milho por causa disso. E se você é enólogo, pode substituir "inocência" por "ignorância", é justo, mas, por favor, não me escreva elucidando o assunto. Nunca antes neste país foi tão chique ser analfabeto, e até eu tenho o direito de andar um pouco na moda.

Outro dia fui convidada para uma degustação — convidada não é bem o termo, fui acompanhar um convidado. Fiquei pasma com a solenidade da coisa, parece uma missa, um rito religioso. Há um profundo respeito por aquele copo, aliás, copos. Ai de você se desrespeitar o código de ética de um lugar assim. A heresia só é punida com a excomunhão porque aqui não existe pena de morte.

Nos restaurantes, a cerimônia da chegada do vinho é marcada por um comportamento que se assemelha a um espetáculo de balé, cada um cumprindo à risca o seu papel. Às vezes tenho vontade de rir da mímica envolvida, mas não o faço porque me lembro da excomunhão.

Adoro vinhos, bebo sempre que posso. Desde o tempo em que só havia três tipos, branco, tinto e rosé, e que todo espumante era champanhe, classifico os vinhos de forma simples em duas categorias: os de que gosto e os de que não gosto. O interesse crescente por essa bebida tem aumentado a olhos vistos a oferta (e os preços) da primeira categoria, a gente lucra na qualidade e perde no bolso.

É claro, leitor arguto, que para manter sua cabeça distraída e fazê-lo ainda mais feliz, é possível substituir vinho por azeite, uísque, cerveja ou qualquer outro artigo que lhe agrade. Mas a comunidade do vinho, convenhamos, está muito mais organizada.

SENSO DE HUMOR

Há muitas formas de se classificar as pessoas: por grupo étnico, por time de futebol, por bairro, por língua materna, por preferência musical. Algumas classificações são fúteis, outras importantes. Nenhuma é suficiente para definir um indivíduo. Apesar disso, gosto de classificar as pessoas pelo senso de humor.

Há de tudo. Há quem ria de desastres, de escatologia, de escracho, de trocadilhos, de ironia, de situações constrangedoras. De país para país a variação também é grande: respeito os japoneses, mas não consigo rir de suas piadas e eles provavelmente também não ririam das minhas. E, confesso: tenho grande admiração pelo humor britânico e pelo judaico.

É subjetivo: certas coisas ou situações me parecem idiotices tão evidentes que não consigo compreender como provocam o riso, assim como tenho certeza de que praticamente só eu acho graça em outras tantas.

Sou, por natureza, uma escritora de humor. Então, diversas pessoas acham que sou alguém que conta piadas. Chegam a propor anedotas, várias até boas, com o intuito de me fornecer assunto. Nem me dou ao trabalho de explicar a diferença, essa é uma daquelas nuances que ou a gente percebe ou não. Gosto de ouvir piadas, mas não faço humor desse tipo. Humor para mim é coisa séria.

Dizem que podemos classificar um sujeito pela quantidade de vezes que ele ri ao ouvir uma piada. Alguns riem apenas uma vez: quando ouvem. Outros riem duas: quando ouvem e quando lhes explicam. Finalmente há os que riem três vezes: quando ouvem, quando lhes explicam e quando, enfim, eles entendem.

Aos que acharam graça na piada, confidencio: gosto dessa classificação.

Aos que não acharam graça nenhuma, esclareço: muitas vezes rio uma única vez, mas apenas por solidariedade. Tenho consciência de que, por maior que seja a boa vontade do meu interlocutor, qualquer explicação é inútil: sou incapaz de entender alguns tipos de humor. Por outro lado, há coisas que me fazem rir sempre que descubro uma nuance ou relembro um detalhe que me agrada.

O tema não costuma ser levado a sério, mas é importante. Observar a reação a uma piada ajuda a identificar sensos de humor compatíveis com o nosso. É difícil dividir a vida com quem ri de algo que para você não tem sentido algum e vice-versa. Quem já passou por isso sabe do que estou falando.

Querido leitor,

Sou uma otimista: suponho que se você chegou até ao final deste livro é porque a leitura lhe foi agradável. Que tal escrever uma resenha positiva no site onde o comprou?

Se me enganei a respeito da sua opinião, deixe para lá esse negócio de resenha, mas esteja à vontade para me escrever diretamente. Vou ler seus comentários com humildade e prometo esforçar-me mais da próxima vez.

Agradecida.

A autora.